激走力

ビッグデータが明かす激走馬

著　村山 弘樹
監修　橋浜 保子

報知新聞社

まえがき

「さすがにこの馬は来ないだろう」

　そう思って馬券から外したときに限って好走される。競馬を楽しんでいれば、そんな苦い思いをした経験を、誰もが持っていることでしょう。
　「単勝1番人気に支持された馬が見せ場なく大敗」したり、「近走で大敗続きの馬がいきなり激走」するなど、競馬では予測できないような結果が頻発(ひんぱつ)します。これが競馬の面白さや難しさ、そして奥深さでもあり、多くのファンが魅了されています。
　しかしながら、「人気馬の凡走」や「穴馬の激走」は、競馬新聞やスポーツ新聞で前走時の着順を見るだけでは予測しにくいものです。何も見せ場を作れなかった馬がなぜ浮上してくるのか？これらの「謎」を解き明かすことは、競馬の永遠のテーマと言えるでしょう。

　本書では、着順に影響を及ぼす様々な要因のことを、「激走力」と名付けました。好走するために必要な「激走力」を複数持っている馬は、「激走力が高い馬」であると定義します。逆に、好走する要素が少なければ、「激走力が低い馬」となります。
　「激走力が高い馬にはどのような特徴があるのか？」を理解することで、馬券の成績は向上します。

ふしぎだと思うこと　これが科学の芽です

よく観察してたしかめ　そして考えること
これが科学の茎です

そうして最後になぞがとける　これが科学の花です

朝永振一郎
（京都市青少年科学センター所蔵の色紙より）

　現代は、どの分野においても「ビッグデータ（BIG DATA）」と呼ばれる、膨大な量の複雑なデータを蓄積し、分析する時代です。競馬も例外ではありません。「この条件で最も力を発揮できる馬」を探し出すために、私も日々、データ解析を究めています。
　本書では、能力を柱として、気性、仕上がりなど、「競走馬」としての資質をベースに解説していきます。枠順などの基本的な構造（外的）要素から、「激走力」に不可欠な「外厩データ」などの「人的要素」まで、ビッグデータから解析し、「激走力が高い」と厳選された要素について説明しています。できる限り、初心者の方にもわかりやすい言葉でまとめました。

　最後に、私が座右の銘にしている、1965年のノーベル物理学賞を受賞した朝永振一郎氏の言葉を記します。競馬の世界にもあてはまることですので、ぜひ、「科学」を「競馬」に置き換えて読んでみてください。ビッグデータが解き明かした「激走力」を活用して、皆様が競馬で大きな「花」を咲かせることができたなら、筆者としてこれほど光栄なことはありません。

2018年4月吉日　村山　弘樹

激走力 ビッグデータが明かす激走馬
もくじ

1章　「激走力」の前に知っておきたい、競馬の基本

着順は簡単に入れ替わる	12
数回の凡走で見限るのは早い	14
競走馬は「気持ち」で走っている	16
データの優先順位を守る	18
オッズについての考え方	20
「激走力が低い人気馬」を軽視する	22
「激走力が高い馬」を狙う	24
コラム① 外国出身の騎手について	26

2章　「激走力」を構成する要素

①競走馬の「能力・特性的な視点」
脚質

競馬は能力ありき	28
先行できる馬を狙う	30
「逃げたい馬」に注目する	32
厳しいペースで粘った馬を狙う	34
末脚が使える馬は有利	36
差し馬を過信しない	38
他馬よりも優れた末脚を使った馬	40
上がりの時計が速かったレースの差し馬	42

馬の種別と性別

牡馬は好走率が高い	44
ダート戦は牡馬を重視	46
ゴール前の急な上り坂では牡馬が強い	48
冬場は牡馬を狙う	50
「夏は牝馬」という格言は正しい	52

| 外国産馬は成績が良い | 54 |
| 「馬体重が重く、斤量が軽い馬」が有利 | 56 |

パドック
仕上がりを確認する	58
後肢が長い馬を狙う	60
蹄から馬場の適性をつかむ	62
ハミの形状と効果を知る	64
ハミも競走成績に影響を与える	66
馬装具も激走にかかわる	68

調教
調教で動ける馬は好走率が高い	70
調教の見方を知る	72
調教コースの形状を知る	74
調教コースごとの成績を知る	76
調教も上がり時計が大切	78

②競馬の「人的な視点」
厩舎ごとの調教の特徴をつかむ	80
外厩で調整された馬を狙う	82
外厩を重視する条件　－新馬戦－	84
外厩を重視する条件　－ＧⅠレース－	86
外厩×厩舎の相性	88
日本ダービーも外厩決着	90
生産者ごとの特徴を踏まえる	92
厩舎の狙い方を知る	94
巧い騎手への乗り替わり	96
大レースでは外国出身の騎手を狙う	98

③競馬の「外的要素」
枠順
枠順の基本を守る	100
内枠が有利なコースの内枠　京都芝1200m	102
内枠が有利なコースの内枠　東京芝1400m	104

外枠が有利なコースの外枠　阪神ダート1400m 東京ダート1600m　106
　　外枠が有利なコースの外枠　新潟芝1000m　108
　　偶数の馬番が激走を生む　110
　　大外枠は必ずしもマイナスではない　112
　　枠順の変化で一変する　114
馬場
　　先行馬が有利な馬場の傾向　116
　　差し馬が有利な馬場の傾向　118
　　馬場の適性を見極める　120
コース
　　コース適性が高い馬を狙う　122
　　コース替わりによる激走を見逃さない　124
　　コースのスペシャリストを狙う　126
その他の要素
　　距離の変化に気をつける　128
　　出走頭数の変化を見る　130
　　前走の相手関係が強かった　132
　　血統から狙いをつける　134
　　初ダートの狙い方を知る　136
　　不利からの巻き返しを狙う　138
　　コラム②　新種のハミ　140

3章　実践＆データ編

激走指数について　142
馬トク激走指数の説明1　144
馬トク激走指数の説明2　146
実践編　148
実践編1　激走馬3頭で決着　150
実践編2　外国産馬の「距離短縮」　152
実践編3　「激走力が低い人気馬」を軽視する　154
実践編4　「不利を受けた馬」と「コース巧者」　156
実践編5　末脚は天賦の才　158

実践編6	盤石馬から激走馬に	160
実践編7	先行馬が止まらない	162
実践編8	盤石馬と末脚	164
データ集1	2017年外厩別の成績（勝率順）	166
データ集2	2017年外厩別の成績（勝率順）　芝のみ	167
データ集3	2017年外厩別の成績（勝率順）　ダートのみ	168
データ集4	2017年相性が良い「外厩と厩舎」の組み合わせ（勝率順）	169
データ集5	激走印×騎手の成績	170
データ集6	激走印×馬トク印	171
データ集7	激走指数の順位別成績	172
データ集8	激走指数の数値別成績	173
あとがき		174

カラーフォトカタログ

ハミ　ノーマル、エッグ、リング、トライア	177
e、ノーマルポチ、D、タンプレート	178
馬装具　ブリンカー、ノーズバンド、シャドーロール、チークピース	179
日本ダービー優勝馬のハミ　2015年ドゥラメンテ、2016年マカヒキ	180
3年連続でeハミ装着馬が日本ダービーを制覇　2017年レイデオロ	181
ハミ替えの激走例　2017年菊花賞 キセキ、ポポカテペトル	182
馬装具の変化による激走例　2017年ダービー、アルゼンチン共和国杯　スワーヴリチャード	183
体型　短距離向き、中長距離向き	184
状態　目の周りが黒い、睾丸の腫れ、冬毛、フケ	185
蹄の形状	186

「激走力」を知るには?

その①　ウェブサイト 近5走Ｂａｓｉｃ（外厩情報）、近5走Ｒａｃｉｎｇ	187
縦書き馬柱	188
新馬戦馬柱、ゲート試験合格情報	189
その②　コンビニプリント	190
ファミリーマート、ローソン、サークルK、サンクスでの操作手順	191
セブンイレブンでの操作手順	192

本書の読み方

競走馬の好走率（1～3着に入る確率）を高めるデータを中心に解説しています。

前から順番にお読みいただかなくても、ご理解していただける構成にしています。まずは、興味がある項目から読み始めてください。

データ表の見方

本書では、同じ項目のデータを2段組の表にしています。

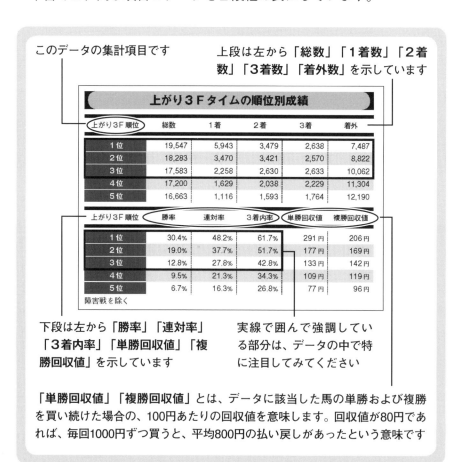

「単勝回収値」「複勝回収値」とは、データに該当した馬の単勝および複勝を買い続けた場合の、100円あたりの回収値を意味します。回収値が80円であれば、毎回1000円ずつ買うと、平均800円の払い戻しがあったという意味です

成績表の見方

本書の成績表には、「激走指数」と「激走馬の種類」を表記しています。

着順	激走指数	激走印	馬名	性齢	斤量	騎手	人気	厩舎	馬体重
1着	57	盤石	レッドファルクス	牡6	57	Mデム	1人	尾 関	474(±0)
2着	55	激★	レッツゴードンキ	牝5	55	岩 田	5人	梅 田	496(±0)
3着	52	特注	ワンスインナムーン	牝4	55	石 橋	7人	斎藤誠	452(±0)

着順	枠番	馬番	馬名	タイム	着差	コーナー通過順位	上がり3F（順位）
1着	4枠	8番	レッドファルクス	1:07.6		⑧⑪⑩	33秒0 ②
2着	1枠	2番	レッツゴードンキ	1:07.6	クビ	⑥⑨⑦	33秒1 ④
3着	3枠	6番	ワンスインナムーン	1:07.7	1/2	①①①	33秒8 ⑫

単勝	8	320円		馬単	8-2	2,890円
複勝	8	140円	ワイド	2-8	630円
	2	300円		6-8	860円
	6	350円		2-6	2,100円
枠連	1-4	1,470円	3連複	2-6-8	7,650円
馬連	2-8	1,760円	3連単	8-2-6	31,850円

「激走指数」と「激走馬の種類」を表しています

「コーナーの通過順位」は左から1、2、3、4コーナーの順です

激走指数とは？

2章から説明していく様々な要素（予想材料）によって、当レースでの好走率を算出した「**激走力**」の考え方を指数化したものです。基準値は50ポイントです。

激走馬の種類

- **盤石**（ばんじゃく）…好走率が極めて高いと考えられる1～2番人気の激走馬
- **安定**…好走率が高いと考えられる1～3番人気の激走馬
- **特注**…好走が期待でき、「特に注目」の激走馬
- **激★、激△**…通常の激走馬（激★は激△よりも好走率が高い）

「激走力」

本書では、以下のように馬場状態を1文字で表記しています。
良…良馬場　稍…稍重馬場　重…重馬場　不…不良馬場

「Sペース」…ゆったりとしたスローペースを表します
「Hペース」…ハイペースであることを意味します

　外国出身の騎手の名前は、2度目以降に記載する場合は、ファーストネームをアルファベット表記で表しています。たとえばミルコ・デムーロ騎手の場合、M・デムーロ騎手となります。
　数字の後に付く「F」は「ハロン」を表します。1ハロンは約200mです。
　レース名の後ろに付いている「S」は、「ステークス」を意味します。

使用データについて

　特に記載していない場合は、データの集計期間は、2013年1月1日〜2017年12月31日です。
　「後肢の長さ」「蹄」「ハミ」「ノーズバンド」「外厩」は、JRDB（Japan Racing Data Bank）のデータを使用しています。

外厩データについて

　JRA（日本中央競馬会）には、外厩（認定厩舎）という制度は存在しません。本書では、通称として「外厩」という表現を用いています。

　外厩データは、運営主体や実際の名称とは異なる場合があります。集計期間が運営主体の過渡期に該当した際は、新旧の運営主体のデータが混在して集計されている場合があります。

参考文献

橋浜保子　2016年『そうだったのか！今までの見方が180度変わる知られざる競馬の仕組み』ガイドワークス
報知新聞社　2017年『馬トクPOG 2017－2018』

1章 「激走力」の前に知っておきたい、競馬の基本

CHAPTER:1　「激走力」の前に知っておきたい、競馬の基本
着順は簡単に入れ替わる

◇**前走の着順だけで予想してはいけない**

　「激走力」を構成している要素（予想材料）に触れる前に、予想をするときに押さえておきたい重要な考え方についてご説明します。ここでは、「激走力」で馬券を買う際に、意識しておきたいポイントをまとめました。

　競馬においては、「4コーナーの位置取り」「騎手」「距離」「季節」「出走頭数」「血統」「後肢の長さ」「馬装具」「コース形態」など、様々な予想材料（以下：要素）によって、レースの着順（順位）が簡単に入れ替わります。たとえ、前走で先着できていた馬が相手だとしても、今回戦ってどうなるかはわかりません。
　それゆえに、近走の着順だけで評価を下すのは、短絡的な判断です。

　競馬が難しいと感じるのは、前走の着順や、人気通りの決着にはならないからです。それなのに、「近走で好走し続けているから」と軸馬にしたり、「近走の着順が悪いから」という短絡的な考えで、馬券の対象から外してしまったりする。

　そう、自分から負ける道を選んでいるのです。

　たしかに、着順で予想するのは簡単で、それだけで的中することもあります。しかし、それを「勝ち」といってしまうと、本当の「勝ち＝価値」にはなりません。
　骨が折れる作業ではありますが、「着順」以外の、「見過ごしがちな要因」を探していく。ビッグデータで激走馬を解き明かすことが、本書の狙いです。

近走の着順だけで判断していると…

・人気馬にしか目がいかない
・近走の着順が悪い馬が、なぜ好走できるかがわからない
・近走の着順が良い馬を軽視することができないため、馬券の買い目が増える

競馬で負ける理由がわからず、馬券も上手くならない

対照的

近走の着順以外の要素で判断すると…

・人気がない馬でも狙える
・凡走した理由がわかり、次走に活かせる
・「買うべき馬」と、「買わないほうが良い馬」がわかる

競馬を深く考える力が身につく

CHAPTER : 1 「激走力」の前に知っておきたい基本

数回の凡走で見限るのは早い

◇競走馬は、能力をいつも発揮できるわけではない

　競馬には、どれひとつとして同じレースは存在しません。ですから、競走馬が力を出せる条件も、いつも同じわけではありません。

　前走時と同じ「阪神芝1200m」に出走したとして、今回も前走と同じ能力を発揮できるとは限りません。「調教」「枠順」「馬場状態」「負担重量（以下：斤量）」「相手関係」等の変化によって、今回も同じようなレースになることはないからです。また、出走するコースが前走と異なっていれば、なおさらです。

　競走馬にも「個性」があり、「得意な条件」や「不得意な条件」が存在します。競走馬が実力を発揮できる範囲は、意外にも狭いものです。

◇勝ち続けられる馬のほうが少ない

　レース当日のコンディションも、競走成績に影響します。競走馬は生き物ですから、体調が悪いときは、人間と同じように実力を出し切れないのは当然です。

　体調が芳しくないときに出走した反動が出ることもあります。加えて、「先を見据えた余裕残しの仕上げ」というコメントが、レース後に出ることもあります。

　競馬では、勝ち続けられる馬のほうが少ないのです。勝った馬が次走でも勝つ確率は11.1％。これは前走で10着以下だった馬が勝つ確率とほぼ同じです。だからこそ、「各馬が力を出せるのはいつか」ということを意識していれば、数回の凡走で見限るのは早いことに気づくことができます。

「常に全能力を出せるわけではない」と考えると…
2017年の安田記念(GI)を勝ったサトノアラジンの場合

1番人気

5着　← 2016年マイルCS(GI) 京都芝 1600m(良)
　　　　←最後の直線で不利を受けて、全能力を出せなかった

↓

1番人気

7着　← 2016年香港マイル(GI) シャティン芝 1600m(良)
　　　　←不慣れな海外遠征で敗れた

↓

1番人気

9着　← 2017年京王杯SC(GII) 東京芝 1400m(重)
　　　　←重馬場で力を出せなかった

↓

7番人気
1着　← 2017年安田記念(GI) 東京芝 1600m(良)
　　　　←得意な条件の今回なら力を出せるのでは？

凡走が「実力負け」ではないことがわかれば、近走の着順が悪い馬でも狙うことができる

2017年6月4日 東京11R 安田記念（GⅠ）芝1600m 良　優勝馬　サトノアラジン

CHAPTER:1 「激走力」の前に知っておきたい、競馬の基本
競走馬は「気持ち」で走っている

◇ **メンタル（精神）面が成績に大きな影響を与える**

人間同様に、競走馬もアスリートです。しかし、データとして表れにくいため、軽視されがちなのが、競走馬の「メンタル面」です。
レース時の精神状態は、結果に大きな影響を与えます。軽視していると痛い思いをすることがある、そんな、メンタル面の代表的なものを挙げてみましょう。

・内枠で揉まれると走る気をなくす
・ダートで砂を被ることを嫌がる
・奇数の馬番のために、ゲートの中で長く待たされた

このような条件下で嫌々走るのと、リラックスした状態で走るのとでは、競走成績に差が生まれて当然です。

内枠で揉まれて嫌がり惨敗（ざんぱい）
↓
外枠からスムーズに運んで好走
↓
再び内枠で揉まれて凡走

というように、レースにおける競走馬のパフォーマンスを、精神面の流れとして説明できるケースは多くあります。

能力を着順だけで判断するのではなく、前走から競走馬の心理状況がどのように変化するかに注目してみる。すると、これまで気づかなかった「激走力」が見えてきます。

自分が競走馬になったとイメージして、「前走から気持ちが**楽**になるか、それとも**苦しく**なるか」を考える

楽になる
- 得意な条件で走る
- コンディションが良い
- 偶数の馬番なのでゲートの中で待たされない
- 大外枠なので外から被されない
- 前走よりも出走頭数が少なくなる

↕

苦しくなる
- 不得意な条件で走る
- コンディションが悪い
- 奇数の馬番でゲートの中で待たされる
- 内枠で揉まれる
- 前走から頭数が多くなる

競走馬が気持ち良く走れる条件、タイミングを狙うことで「激走馬」を発見できる

CHAPTER : 1 　「激走力」の前に知っておきたい、競馬の基本

データの優先順位を守る

◇重要なデータと、そうでないデータとを区別する

　「激走力」を構築するために重視する「データの種類」と「優先順位」をまとめました。ビッグデータから算出された、以下の「データの優先順位」をしっかりと意識することが重要です。

「激走力」を構成するデータ

優先順位1　◎不変の絶対データ

　競馬において、最も重視すべきなのが、この「絶対データ」です。
　「絶対データ」とは、枠順、競馬場ごとの特性、さらには性別など、**1年でも、複数年でも、必ず同様の傾向が出るという不変的なデータ**を指します。

　「絶対データ」は、基本的なものであるにも関わらず、盲点になりやすいのが特徴です。「新潟の芝直線1000mは外枠が有利」、「夏は牝馬が強い」などが「絶対データ」に該当します。

優先順位2　◎各馬の特性データ

　各馬の特性や過去の成績から予測できる、馬本位のデータです。
　「先行できるダッシュ力がある」といった能力や、「阪神のコース形態が向いている」という適性を含みます。
　そもそも、競馬は馬が走るスポーツです。**「各馬の特性データ」は優先度が高く、重視すべきデータ**です。

優先順位3 　○騎手・厩舎成績のような一時データ

次に大事なのは、最近の傾向を踏まえた「一時データ」です。

騎手や厩舎の成績、馬場状態といった、1レース単位、1開催単位で変化があるデータを意味します。競走馬の能力を補完するデータだと考えれば、わかりやすいでしょう。

例を挙げると、「ミルコ（M）・デムーロ騎手はGIレースで強い」というのは、「絶対データ」だと考えがちです。しかし、1年後、3年後も同様に活躍できるとは限りません。たとえば、落馬事故などによる負傷が尾を引くことも考えられるため、分類では「一時データ」に属します。

「一時データ」の優先順位は、「絶対データ」と「特性データ」の次です。ただし、極端な馬場状態になったときは、優先度が高くなることもあります。

「激走力」には含めないデータ

△過去の傾向

「このレースでは1番人気は勝たない」といった、重賞などの過去の傾向は、予想に取り入れやすい要因です。簡単ですが、これには役に立つものとそうでないものが混交しやすく、真実はどうなのかを、「絶対データ」と照らし合わせて分別する必要があります。

ここでは、「内枠が有利」を例に挙げてみましょう。「コースの絶対データと合致して内枠が有利なのか？」、あるいは、「過去には偶然、強い馬が内枠に集まっていただけなのか？」で、データの意味合いは全く違ってきます。

また、「7歳以上の馬は来ない」というデータも、なぜ来ないかが合理的に説明されていなければ意味を持ちません。過去の傾向を盲信しないように注意します。

×オカルトデータ

「3月3日だから今日は3枠の馬が走る」や「8枠（騎手の帽色が桃色）にピンク○○○という馬が入っている」といったオカルト的な要素は、本書ではデータとして扱いません。

CHAPTER : 1 「激走力」の前に知っておきたい、競馬の基本

オッズについての考え方

◇「1番人気は儲からない」という考えを捨てる

　競馬において大切なのは、好走する人気馬を確実に選ぶことです。「好走する人気馬を買い、好走できない人気馬は軽視する」。人気馬を取捨する精度を高めることが、馬券が上手くなるための第一歩となります。

　好走する確率が最も高いのは、単勝1番人気の馬です。一言に「1番人気」と言っても、オッズには幅があり、支持率も異なります。従って、「1番人気の馬では儲からないから買わない」と決めつけると、的中する機会を失うことになります。

競馬の POINT! オッズとは？

　馬券の払戻しの倍率。数字が小さいほど人気があることを意味します。人気の馬の好走率は高いものの、払戻額は少なくなります。オッズが2.5倍の場合、100円購入して的中すると250円の払い戻しです。

◇1番人気からでも万馬券は取れる

　1番人気の馬の勝率は約32％で、3着内率は約64％もあります。1番人気の馬を買わずにいると、多くのレースで外れてしまう計算です。たとえ、単勝1倍台の1番人気馬でも、「激走力」の裏付けがあれば、信頼できる軸馬として馬券の中心に据えることができます。

　また、1番人気からでも、意外と好配当を得ることができるのです。仮に、1番人気の馬から、4～7番人気馬へ流す馬券を買うとします。的中した場合、馬連の平均配当は1619円で、3連複の平均配当は5282円。3連単の平均配当は2万206円もあります。1番人気の馬が勝ったとしても、2番人気や3番人気の馬が馬券圏外（4着以下）になれば、万馬券になるケースが多いのです。

競馬で大切なことは、
好走する人気馬を確実に選ぶこと

好走する人気馬が選べると
軸馬が決まるので、的中率が上がる

好走できない人気馬がわかると
軸馬が決まり、配当が安い組み合わせを買わなくなる
オッズが高い馬を相手に加えられ、配当が期待できる

このためには、
「着順」以外の、好走、凡走を左右する
「激走力」の要素を知る必要がある

CHAPTER:1 「激走力」の前に知っておきたい、競馬の基本
「激走力が低い人気馬」を軽視する

◇着順や、血統背景で人気している馬に疑問を持つ

　１番人気からでも「儲かる」というデータを紹介しました。それでも、人気馬が３着までに来ないほうが、払戻金額は高くなります。３着までに来ない１番人気馬を軽視することができれば、好配当の獲得につながります。

　「３着までに来ない可能性が高い人気馬」とは、「激走力が低い馬」です。人気馬、特に１番人気の馬に、１つでもマイナスの要素があれば疑ってみるのが鉄則です。「激走力を構成する要素」については、２章以降で述べます。

◇「激走力が低い１番人気馬」の特徴

①近走の着順で人気している

　「激走力が低い人気馬」は、前走の着順だけで人気していることがほとんどです。大事な考え方の際に触れましたが、競馬のレースは生き物ですから、同じレースは起こりません。

　「近走の着順が出走メンバーの中で一番安定しているから、この馬でいいだろう」という安易な考えから押し出された人気馬。着順以外に評価できる要素がなければ、いさぎよく選択から外します。

②血統背景で人気している

　主に新馬戦や未勝利戦での話です。母がＧＩ馬、もしくは、きょうだいが有名馬だからという理由で人気になっている馬は、疑問を持ってみることが必要です。

　例を挙げると、ダイワスカーレットやウオッカといった名牝の仔は、新馬戦において毎回人気を集める傾向があります。しかし、レースの結果は、必ずしも人気に応えられるわけではありません。

ドリームジャーニー、オルフェーヴルと全兄弟であるリヤンドファミユ、アッシュゴールドもまた、三冠馬の全弟ということで人気を集めたのですが、新馬戦では結果を出せませんでした。競馬の世界では、血統が同じであっても、同様の活躍が期待できるわけではないという例です。

③リーディングの上位騎手、厩舎
　リーディング上位の騎手や厩舎は、ブランド名から人気になりやすい傾向があります。それに惑わされることなく、優先度が高い「絶対データ」や「各馬の特性データ」を重視していきます。

④クラブ馬
　一口クラブの所有馬は、出資者が応援馬券を買うため、本来の実力よりも人気になることが多々あります。ノーザンファーム系の一口クラブが特に人気を集めるのが新馬戦。たしかに好走する確率も高いのですが、過信は禁物です。

競馬の POINT! 一口クラブとは？

　一口クラブは「愛馬会法人」と「クラブ法人」に分けられます。愛馬会法人が、所有馬の権利を分割して出資を募り、馬主の資格を持つクラブ法人がそれを出走させる仕組みです。一口クラブを通すことで、馬主の権利を持たない者でも、競走馬に出資することができます。

　レイデオロで2017年のダービーを制した「（有）キャロットファーム」や、ラッキーライラックとタイムフライヤーで、2017年の2歳GIレースを2勝した「（有）サンデーレーシング」などが、代表的な一口クラブです。

⑤白毛（芦毛）
　「珍しい」「カワイイ」「縁起が良い」などの理由から、白毛（芦毛）の馬は注目度が高く、過剰に人気します。

CHAPTER : 1　「激走力」の前に知っておきたい、競馬の基本
「激走力が高い馬」を狙う

◇好走する要素が揃った「激走力が高い馬」を重視

　「激走力が低い馬」を軽視したうえで狙いたいのが、「激走力が高い馬」です。能力面が優れていることに加えて、その他にも好走できる要素が揃（そろ）っている、「しっかりした裏付けがある馬」のことです。

・外枠が有利なコースで外枠に入った

・不得意なコースで凡走を続けてきた馬が、今回は得意なコースに替わる

　このような、競馬ファンが普段の予想で使っている予想材料が、激走力を高める要素です。簡潔に言えば、「今回のレースでプラスになると考えられる要素が、激走力を高めるもの」。「マイナスに働くものは、激走力を下げる」と考えてください。
　もちろん、全てプラス材料であるケースばかりではありません。良い点、悪い点をそれぞれ加味して、最終的に決断します。この判断が、馬券の的中を大きく左右します。

◇激走力が低い馬を軽視し、高い馬を狙う

　競馬はオッズとの戦いでもあります。前ページでは「激走力が低い人気馬を軽視する」と述べました。「激走力が低い人気馬」がいるレースこそ、「激走力が高い馬」の狙い時です。配当的な妙味が高く、素直に馬券を購入できるチャンスです。

　2章からは「激走力」を構成する要素を確認していきます。

2017年12月3日 中京11R チャンピオンズC（GⅠ）ダート1800m 良
優勝馬　ゴールドドリーム

コラム①
外国出身の騎手について
過去3年の成績から見る外国出身の騎手の技術

　外国出身の騎手は、2つのグループに分けられます。
①**年間を通して日本で騎乗する騎手（JRA所属）**
　M・デムーロ騎手、クリストフ（C）・ルメール騎手
勝率26.2％、連対率43.7％、3着内率56.8％

②**海外を拠点とし、短期免許やジャパンカップ、WASJ（ワールドオールスタージョッキーズ）などの招待レースで来日する騎手**
　ライアン（R）・ムーア騎手（英国）、ジョアン（J）・モレイラ騎手（香港）、クリスチャン（C）・デムーロ騎手（伊国）など
勝率21.7％、連対率39.2％、3着内率52.4％

　短期免許で騎乗する外国出身の騎手は、各国のリーディングで3位や5位までに入るか、凱旋門賞などの世界的なGIレースを勝つという高い基準をクリアした名手です。単勝1〜3番人気馬の成績で両グループを比較してみると、**日本人騎手の勝率20.6％、連対率37.4％、3着内率50.9％**よりも優れた成績を出していることがわかります。

　勝率はJ・モレイラ騎手が31.1％、R・ムーア騎手が28.8％、C・デムーロ騎手が23.8％、ヒュー・ボウマン騎手が23.7％。日本人騎手では戸崎騎手が24.0％、武豊騎手が21.1％でした。
　取り上げた4人の外国出身の騎手は、②のグループの中でも優れた成績を収めていることがわかります。「②短期免許などで騎乗する外国出身の騎手」とひとくくりにするのではなく、個々の成績を精査することで「激走力」をより精密に解析することができます。

データはいずれも2015年1月1日〜2017年12月31日まで

2章 「激走力」を構成する要素

CHAPTER : 2 「激走力」を構成する要素①「競走馬編」

競馬は能力ありき

◇「能力指数」で各馬の能力を比較する

競馬は1着から3着の馬が払い戻しの対象となるので、3着までに来る能力がある馬を選ぶことが大切です。

「能力」とは、走破時計（それぞれの馬が、レースで走った時のタイム）だけで決まるわけではありません。本書では、走破時計を元にレース当日の馬場状態や斤量、ペース、出遅れ、不利などを加味して指数化した「能力指数」で比較します。

> **競馬の POINT! 負担重量（斤量）とは？**
> 騎手の体重に、鞍、鞍の下に敷くスポンジ、腹帯、ブーツなどを合わせた総重量のこと。「馬齢」「性別」「生産国」など、レースの重量の区分によって、1頭ずつ定められています。

> **競馬の POINT! 馬齢とは？**
> 馬の年齢のこと。競走馬は生まれた年を当歳（0歳）とし、誕生日ではなく、毎年1月1日に全馬の年齢表記が一斉に変わります。

◇能力を柱として、他の要素で補う

「能力」は競馬予想の大黒柱で、その他の要素は、あくまでも能力を補完するものです。

「血統」や「適性」のような要素の比較は、出走各馬の「能力」を正確に把握したうえで行う必要があります。血統データからコース適性が完璧な馬を見つけられたとしても、そもそもの競走能力が大きく劣っていたのであれば、好走することはできません。

そんな、「激走力が低い馬」を選択してしまわないために、「能力」を補う要素にどのようなものがあるかを、次項から確認していきます。

2017年5月28日 東京10R 日本ダービー（ＧⅠ）芝2400m 良　優勝馬　レイデオロ

レイデオロの配合

父キングカメハメハ
Mr. Prospector　3 x 4
Northern Dancer　5 x 5

母の父　シンボリクリスエス

CHAPTER : 2   「激走力」を構成する要素①「競走馬編」
先行できる馬を狙う

◇競馬は逃げ馬と先行馬が有利

　競馬をある程度見続けていれば、「逃げ馬や先行馬が有利」だと感じられることでしょう。実際に、午前中に行われるダートの未勝利戦では、先行した馬で上位馬の着順が決まるレースが多いです。

競馬の POINT！ 逃げ馬・先行馬とは？

　レースで先頭を走る馬のことを「逃げ馬」と言います。「先行馬」は逃げ馬の後ろでレースを進める馬のことです。本書では、16頭立てであれば、2～5番手の位置で競馬をする馬を「先行馬」とします。

　競馬場のコースを1周する間には、4つのコーナーがあります。距離によってコーナーがひとつもない「直線コース」や、「2つ」「4つ」など、コーナーの数は変わります。

競馬の POINT！ コーナーの通過順位とは？

・競馬場のコースを1周以上する距離
　ゴールから数えて4つのコーナーを通過した順位
・1周しないコース
　ゴールから数えて2つのコーナーと、スタート後の位置取りを合わせて表記

　右ページに、障害レースを除くJRA（日本中央競馬会）全レースでの、「4コーナーの通過順位」と「成績」をまとめています。「勝率」「連対率」など、逃げ馬と先行馬の成績が圧倒的に良いことがわかります。
　重要なのは、4コーナーで先行している馬（＝激走力が高い）を探せることです。迷ったときは、先行できそうな馬を選ぶのが基本です。

4コーナーの通過順位別成績

4角位置	総数	1着	2着	3着	着外
1番手	2,893	1,008	547	293	1,045
2番手	4,020	1,090	830	505	1,595
3番手	3,539	822	652	534	1,531
4番手	2,922	660	503	387	1,372
5番手	2,669	510	416	400	1,343
6番手	2,363	400	386	308	1,269
7番手	2,296	389	323	309	1,275
8番手	1,807	279	254	239	1,035
9番手	1,451	194	185	197	875
10番手〜	4,534	505	466	478	3,085

4角位置	勝率	連対率	3着内率	単勝回収値	複勝回収値
1番手	34.8%	53.8%	63.9%	132円	106円
2番手	27.1%	47.8%	60.3%	103円	97円
3番手	23.2%	41.7%	56.7%	87円	92円
4番手	22.6%	39.8%	53.0%	83円	84円
5番手	19.1%	34.7%	49.7%	75円	80円
6番手	16.9%	33.3%	46.3%	67円	75円
7番手	16.9%	31.0%	44.5%	65円	72円
8番手	15.4%	29.5%	42.7%	61円	71円
9番手	13.4%	26.1%	39.7%	56円	66円
10番手〜	11.1%	21.4%	32.0%	45円	56円

単勝1〜3番人気のみ。新馬戦、未勝利戦、障害戦を除く

後方からレースを進める馬は、人気馬であっても好走率が低いことがわかります。なお、実力の差が大きく、後方のまま敗れる馬が多い「新馬戦」と「未勝利戦」は、データの集計から除いています。

CHAPTER : 2 　「激走力」を構成する要素①「競走馬編」
「逃げたい馬」に注目する

◇前走で逃げられなかった馬を狙う

　「前に行く馬」を予想する際に選択すべきなのは、「絶対に逃げたい馬」です。絶対に逃げたい馬とは、次の3種類です。

①毎回必ず逃げている馬

　マルターズアポジー（2017年関屋記念など重賞3勝）のような、典型的な逃げ馬を指します。このような馬は、ほぼ毎回逃げの手を打ってくるので要マークです。このとき、「他に逃げ馬が揃っているからペースが向かないだろう」、という理由で嫌わないように気をつけます。

　「必ず逃げる馬」は、毎回、激走が期待できるのです。

②逃げた時にしか好走できない馬

③2、3走前に逃げて好走したが、前走は逃げられずに凡走している馬

　②③のタイプは、「好走時の道中のコーナー通過順位」から見つけることができます。
　近走で逃げられずに凡走した馬は、今回で逃げの手を選択してくる可能性が高いので、積極的に単勝で狙うのです。

　逃げ馬は、気性に難しい面を抱えているケースが多いものです。「揉まれたらダメ」「周りに馬がいたら怖がる」「砂を被ったら走る気をなくす」というように、基本的にアテにしづらいのです。着順だけで「実力不足による敗戦」だと捉えないようにします。

2017年10月22日 東京11R ブラジルC（オープン）ダート2100m 不

　③アドマイヤロケットは、とても揉(も)まれ弱く、逃げたらしぶとく、そうでなければもろい面があります。好走するためには、「絶対に逃げたい馬」です。

```
┌─────────────────────────────┐      ┌──────────┐
│ 2017年7月1日　中京11R       │      │ 逃げて完勝 │
│ 白川郷S（1600万下）ダート1800m 重 │      └──────────┘
└─────────────────────────────┘
              ↓
┌─────────────────────────────┐      ┌──────────────┐
│ 2017年8月12日　小倉11R      │      │ 逃げられずに   │
│ 阿蘇S（オープン）ダート1700m 良 │      │ 11着（1秒9差）│
└─────────────────────────────┘      └──────────────┘
              ↓
┌─────────────────────────────┐      ┌──────────┐
│ 今回                        │      │ 逃げて2着 │
│ ブラジルカップ               │      └──────────┘
└─────────────────────────────┘
```

　今回は、大野騎手の「絶対に逃げる」という気持ちが表れていて、内枠から目一杯に押して先頭へ。ゴール前で勝ち馬に交わされたものの、2着に粘っていました。このような「絶対に逃げたい馬」の激走例は、週に数頭います。見逃さないようにしましょう。

「逃げたい馬」に注目する

着順	激走指数	激走印	馬名	性齢	斤量	騎手	人気	厩舎	馬体重
1着	50	激△	メイショウウタゲ	牡6	56	内　田	6人	安　達	514(±0)
2着	49		アドマイヤロケット	牡5	54	大　野	4人	友　道	482(+4)
3着	50		サンライズソア	牡3	54	北村宏	1人	河　内	506(+12)

着順	枠番	馬番	馬名	タイム	着差	コーナー通過順位	上がり3F（順位）
1着	3枠	5番	メイショウウタゲ	2:08.1		⑦⑧⑧⑥	36秒7 ①
2着	2枠	3番	アドマイヤロケット	2:08.4	2	①①①①	37秒7 ⑤
3着	2枠	4番	サンライズソア	2:08.5	1/2	③④④④	37秒3 ③

単勝	5	1,150円		馬単	5 - 3	13,030円
複勝	5	280円		ワイド	3 - 5	1,810円
	3	290円			4 - 5	510円
	4	140円			3 - 4	520円
枠連	2 - 3	1,010円		3連複	3 - 4 - 5	3,390円
馬連	3 - 5	5,770円		3連単	5 - 3 - 4	30,210円

CHAPTER : 2　「激走力」を構成する要素①「競走馬編」
厳しいペースで粘った馬を狙う

◇「上位を差し馬が占めたレース」の先行馬を狙う

　逃げ・先行馬の中で狙い目となる「激走力が高い馬」は、「上位を差し馬が占めたハイペース（以下：Hペース）のレースで粘れた馬」です。競馬は基本的に「逃げ・先行馬」が有利なので、差し馬や追い込み馬ばかりが上位に来ていれば、先行馬には不利だったと言えます。

競馬の POINT! 差し馬・追い込み馬とは？

　ともに後方から、先行する馬を交わすレースをする馬。本書では、16頭立てであれば、6番手から10番手で競馬をする馬を「差し馬」、11番手よりも後ろでレースを進める馬を「追い込み馬」とします。

　「ペースが向かなかったレース」でよく粘った先行馬は、次走以降でも有力です。たとえ次走が標準的なペースであったとしても、「楽な流れ」だと思える精神的な余裕があるため、Hペースで粘った馬が次走で激走できるのです。週に複数頭がこの条件に該当し、好走しています。

◇ペースが向かず、大敗した馬の巻き返しに注目

　4コーナーを通過した順位が、10番手以降の馬ばかりが上位に来ていれば、後方にいた馬に有利なペースだったと言えます。人気の先行馬が敗れ、人気がない差し馬が上位に来たのであれば、なおさらです。

　レース序盤のラップタイムが速ければ、先行馬に不利な流れだったと判断できます。ペースが厳しかったために大敗した馬でも、「次走でペースが落ち着くと巻き返す」ことが考えられます。それだけ、「先行できる馬」は好走率が高いということを意識する必要があります。

2017年12月16日中京9R 3歳上500万下 ダート1400m 良

　勝ち馬の⑩レッドオーガーは、前走で「上位を差し馬が占めたHペースのレースでしっかりと粘った馬」に該当していました。

・レッドオーガーの前走時のラップタイム
（2017年11月26日　3歳上500万下　東京ダート1400m　稍）

| 12.7 | – | 11.2 | – | 11.6 | – | 11.8 | – | 12.3 | – | 12.6 | – | 12.6 |

　当日は時計が速くなりやすい馬場だったことを加味すると、前半3Fの時計は標準的なものでした。しかし、注目は「4F目」にレースのラップが緩まなかったことです。逃げていたレッドオーガーにとって厳しい流れであったと言え、1着と3着の馬が差し馬だったことからも評価できる内容でした。

　そして、今回のレースでは、しっかりと逃げ切ることができたのです。「先行できる馬」は好走率が高くなるので、「ペースが向かなかった馬」の巻き返しを見逃さないようにします。

厳しいペースで粘った馬を狙う

着順	激走指数	激走印	馬名	性齢	斤量	騎手	人気	厩舎	馬体重
1着	55	特注	レッドオーガー	牡3	56	杉原	3人	藤沢和	486(+6)
2着	55		プッシュアゲン	牡4	57	浜中	2人	中野	514(+2)
3着	54		キンイロジャッカル	牡3	56	丸山	11人	相沢	514(+8)

着順	枠番	馬番	馬名	タイム	着差	コーナー通過順位	上がり3F（順位）
1着	5枠	10番	レッドオーガー	1:25.2		①①①	37秒7 ⑤
2着	8枠	15番	プッシュアゲン	1:25.3	1/2	⑨②②	37秒7 ⑤
3着	7枠	13番	キンイロジャッカル	1:25.4	1/2	⑫④④	37秒6 ④

単勝	10	740円	馬単	10 - 15	4,790円
複勝	10	260円	ワイド	10 - 15	1,010円
	15	180円		10 - 13	4,800円
	13	610円		13 - 15	3,150円
枠連	5 - 8	950円	3連複	10 - 13 - 15	28,390円
馬連	10 - 15	2,530円	3連単	10 - 15 - 13	122,190円

CHAPTER : 2 「激走力」を構成する要素①「競走馬編」
末脚(すえあし)が使える馬は有利

◇上がり3ハロンの時計が速い馬に注目する

競馬の POINT! 上がり3ハロン(F)とは?

　ゴールまでの3F(600m)のこと。競馬の勝負どころであり、予想の重要な要素です。そして、末脚とは、ゴール前での馬の伸び脚を指します。「先行できる馬」と同様に、「最後の3Fで、他馬よりも速く走ることができる馬」も見逃せません。

◇ディープインパクトの産駒が活躍できる理由

　右ページの表は、各種牡馬の産駒が、芝のレースで上がり3Fの最速の時計を出す確率をまとめたものです。ディープインパクトの産駒は、上がり3Fで最速の末脚を使える可能性がとても高いことがわかります。
　加えて、上がり最速の脚を使った際の勝率も秀でています。後方からではなく、中団よりも前の位置取りからでも優れた末脚を使えることが、ディープインパクトと他の種牡馬の差です。
　ロードカナロアは、集計期間では2歳戦のみが対象となりますが、短距離戦で今後も注目の種牡馬です。

◇上がり3Fの順位は着順に直結する

　上がり3Fの時計の順位で集計してみると、1位の馬は勝率が30.4％と高く、その一方で、順位が1つ下がると成績が落ちます。上がり3Fの時計の順位は、差し馬だけでなく先行馬の能力を判断するポイントにもなります。
　末脚が優れていればいるほど、好走率が高くなっていることから、上がり3Fで上位の脚を使える馬は競馬で有利です。

種牡馬別上がり3Fタイムの最速率

種牡馬名	総数	上がり最速回数	上がり最速率	上がり最速時勝率	連対時平均距離
ディープインパクト	8,010	1,187	14.8%	40.0%	1790 m
ストーミングホーム	777	103	13.3%	17.5%	1698 m
ヴィクトワールピサ	886	117	13.2%	28.2%	1782 m
ルーラーシップ	655	85	13.0%	38.8%	1881 m
ハービンジャー	2,653	335	12.6%	33.7%	1877 m
ハーツクライ	4,572	573	12.5%	32.1%	1888 m
スズカフェニックス	403	50	12.4%	14.0%	1618 m
ディープブリランテ	510	61	12.0%	29.5%	1616 m

芝のみ。200戦以上の種牡馬のみ。ただし、ロードカナロアは特別に表記している

| ロードカナロア | 183 | 33 | 18.0% | 51.5% | 1492 m |

ルーラーシップの成績も優秀で、「上がり最速の末脚を使える可能性」「使えた時の勝率」とも高いです。集計期間では2世代のデータですが、「2歳戦」「3歳戦」「3歳以上」のいずれでも、屈指の末脚を使っていました。

上がり3Fタイムの順位別成績

上がり3F順位	総数	1着	2着	3着	着外
1位	19,547	5,943	3,479	2,638	7,487
2位	18,283	3,470	3,421	2,570	8,822
3位	17,583	2,258	2,630	2,633	10,062
4位	17,200	1,629	2,038	2,229	11,304
5位	16,663	1,116	1,593	1,764	12,190

上がり3F順位	勝率	連対率	3着内率	単勝回収値	複勝回収値
1位	30.4%	48.2%	61.7%	291 円	206 円
2位	19.0%	37.7%	51.7%	177 円	169 円
3位	12.8%	27.8%	42.8%	133 円	142 円
4位	9.5%	21.3%	34.3%	109 円	119 円
5位	6.7%	16.3%	26.8%	77 円	96 円

障害戦を除く

CHAPTER : 2　「激走力」を構成する要素①「競走馬編」
差し馬を過信しない

◇末脚はコーナー順位や着順を組み合わせて考える

　「上がり３Ｆで上位の脚が使える馬は好走率が高い」のですが、差し馬を過信してもいけません。というのも、後ろから追い込んでくる馬は「惜しかった」というプラス思考のイメージが残りがちです。そのため、次走でも人気になり、オッズも低くなります。馬券的には狙いにくい脚質と言えます。

　上がり３Ｆの時計の順位は、「コーナーの通過順位」や「着順」と合わせて考える必要があります。先ほど確認したように、競馬は先行できる馬が有利です。いつも後方からレースを進める馬は、末脚が優れていたとしても、取りこぼす可能性が高くなります。

16頭中16番手の最後方
↓
上がり最速の末脚を使って、１秒差負けの９着

　このようなケースは、序盤（レースの前半）で楽をしたために余力があっただけで、末脚を使えるという裏付けにはなりません。後ろからレースを運んだ差し馬は、「他馬よりも優れた末脚を使った」ケースのみ、その末脚を評価します。基本的には、差し馬を疑問視して予想をするのがよいでしょう。

　好走するための理想は、先行して、上がり３Ｆの時計で上位になることです。2017年の朝日杯ＦＳ（ＧⅠ・阪神芝1600ｍ）を勝った時のダノンプレミアムがその代表例で、４コーナーを４番手で通過して、上がり３Ｆの順位は１位。先行した上で、素晴らしい末脚でした。

2017年12月17日 阪神11R 朝日杯FS(GⅠ)芝1600m 良
優勝馬　ダノンプレミアムのパドック

2017年12月17日 阪神11R 朝日杯FS(GⅠ)芝1600m 良
優勝馬　ダノンプレミアム

CHAPTER : 2　「激走力」を構成する要素①「競走馬編」
他馬よりも優れた末脚を使った馬

◇スローペースで、突出した末脚を使った馬を狙う

　上がり３Ｆの時計が優れている馬を見つける、いちばん簡単な方法は、「スロー（以下：Ｓ）ペースで他馬よりも優れた脚を使えたか？」をチェックすることです。

　Ｓペースでは、ほとんどの馬が、自分が持っている最高速度を、上がり３Ｆで出します。そのなかで突出した上がり３Ｆの時計を出せていれば、速い上がり３Ｆの時計を出せる能力が、他馬よりも秀でているということになります。

　例を挙げれば、ワグネリアンは、ラスト３Ｆが「11.2-10.9-11.0」という、速い上がり３Ｆの時計になった新馬戦で、32秒６の末脚で完勝。これは上がり３Ｆの順位が２位だったヘンリーバローズの32秒８よりも、０秒２速いものでした。その後、ワグネリアンは2017年の東京スポーツ杯２歳Ｓ（ＧⅢ・東京芝1800ｍ）を勝利しています。

◇０秒２は大きな差

　Ｓペースのレースにおいての０秒２差は、相当に価値があります。これは、同じく瞬発力を競う陸上競技の100ｍ走で、０秒１差が決定的な差であることと同じです。先ほどの新馬戦で３位だった上がり３Ｆの時計は33秒８。地力の差が大きい新馬戦ということを考慮しても、上位２頭の末脚が優れていたことがわかります。

　このように、ただ上がり３Ｆの時計が速いだけではなく、他の馬と比較してどれだけ速く走れたかがポイントです。Ｓペースのレースで優れた上がり時計を出せたか否かで、その馬の瞬発力や潜在能力を推測することができます。

2017年7月16日 中京5R 2歳新馬 芝2000m 良
優勝馬　ワグネリアン（左）

2018年1月8日 京都11R シンザン記念（GⅢ）芝1600m 稍
優勝馬　アーモンドアイ（中央）
彼女の上がり3Fの時計は、上がり3Fの順位が2位だった馬より、0秒7も速いものでした。

CHAPTER : 2 「激走力」を構成する要素① 「競走馬編」
上がりの時計が速かったレースの差し馬

◇ラスト２Ｆのラップが速いレースで負けた馬

　次はラップタイムを見て、好走馬を探し出すヒントを挙げます。主に芝の中距離で注目するポイントは、「レースのラップタイムの右から２つ」＝「レースのラスト２Ｆ」のラップタイムです。

２０１７年５月２８日 東京１０Ｒ 日本ダービー（ＧⅠ） 芝2400m 良
13.0 - 11.2 - 12.9 - 12.8 - 13.3 - 12.5 - 12.1 - 12.6 - 12.7 - 11.5 - **10.9** - **11.4**

①最後の２区間のラップタイムが１１秒５以下であったか？
②４コーナーの通過順位が５番手よりも後ろだったか？
③レースの着順

に着目します。すると、２着スワーヴリチャード（次走、休み明けで古馬と初対決したアルゼンチン共和国杯・ＧⅡ優勝）と３着アドミラブルの上がり３Ｆの時計を評価することができます。

　競馬では、自分の前にいる馬よりも速く走らなければ、差しても絶対に届きません。前の馬が速い脚を使っていれば、後ろにいる馬は勝つことができないのです。
　ラスト２Ｆのラップタイムがともに１１秒５以下だったレースでは、先行した馬の上がり３Ｆの時計が速いケースが多いのです。そのため、後ろからレースを進めた馬では勝つことが難しいです。

　「ラスト２Ｆのラップタイムが速いレースで、差し届かなかった馬を狙う」、このとき、先ほど挙げた「他馬よりも優れた末脚」であることがポイントです。

2017年10月9日 京都10R 大原S 3歳以上1600万下 芝2000m 良

着順	馬名	上がり3F	コーナー通過順位	次走のレース名	次走着順(人気)
1着	プリメラアスール	33秒5	①①①①	福島記念(GⅢ)	8着④
2着	トーセンマタコイヤ	33秒2	④④③②	ノベンバーS(1600万下)	6着③
3着	ハナズレジェンド	33秒5	⑦⑦⑦⑦	修学院S(1600万下)	3着②
4着	ジャズファンク	32秒8	⑥⑥⑤⑤	修学院S(1600万下)	5着⑤
5着	マウントゴールド	33秒5	②②③②	ノベンバーS(1600万下)	3着⑤
6着	ストーンウェア	33秒1	⑤⑤⑤⑤	ノベンバーS(1600万下)	1着④
7着	コウエイワンマン	32秒9	⑧⑧⑧⑧	古都S(1600万下)	2着⑧
8着	スズカビスタ	34秒1	②②②②	比叡S(1600万下)	9着⑨

「大原ステークス(以下:S)の成績」と、レースに出走していた各馬の「次走の成績」をまとめた表です。
このレースは、

12.8 - 11.8 - 13.1 - 12.6 - 12.4 - 12.7 - 11.9 - 11.3 - **11.0** - **11.2**

と、ラスト2Fのラップタイムが速いものでした。そのため、先行したプリメラアスールがそのまま勝ったのです。

8頭立てだったこのレースの「上がり3Fの時計」と、「次走の成績」を見てみると、4着馬こそ結果が出ていませんが、他馬よりも優れた脚を使いながら6着、7着に敗れた馬が、きっちり好走できています。

「ラップタイム」と「上がり3Fの時計」という裏付けがある差し馬は、積極的に狙うことができます。

CHAPTER : 2 「激走力」を構成する要素①「競走馬編」

牡馬は好走率が高い

◇オスとメスが一緒に走るレースでは、牡馬を狙う

競馬は、オス(以下:牡馬(ぼば))とメス(以下:牝馬(ひんば))が一緒に走って勝ち負けを競う、珍しい競技です。牝馬だけで走る「牝馬限定戦」も存在しますが、レース数はそこまで多くありません。

人間であれば、スポーツは男性の部と女性の部に分けられています。陸上競技では、速く走る能力を競う100m走とスタミナを競うマラソンのどちらにおいても、男性が女性を上回る記録を残しています。

牡馬と牝馬が一緒に出走する定量戦では、牝馬は牡馬よりも2キロ軽い斤量で出走することができます。それでも、好走率は牡馬の方が高いのです。数字上はわずかな差のように映りますが、不確実な要素が多い競馬においては、貴重な予想材料です。

この傾向を活用し、牡馬と牝馬が一緒に出走するレースでは、より好走率が高い牡馬を狙った方が良いということです。

◇クラスが上がるほど、牝馬は苦戦する

単勝1～3番人気のクラス別の成績を見ると、500万下条件よりも上のクラスでは、牝馬の3着内率が50％を下回っています。特にオープン特別のレースにおいては、牡馬と牝馬の3着内率に約10％も差が生じています。

また、覚えておきたいのは重賞での成績です。単勝1～3番人気の牝馬は、GⅢクラスでは勝率22.1％、3着内率は48.1％ですが、GⅠでは勝率9.5％、3着内率42.9％と大きな差があります。46ページからは、この差が明確に見てとれる条件について見ていきます。

クラス別成績（牡牝別）

性別	クラス	総数	1着	2着	3着	着外
牡馬	新馬・未勝利	12,892	2,929	2,377	1,796	5,790
牡馬	500万下	10,030	2,134	1,622	1,334	4,940
牡馬	1000万下	4,348	897	720	555	2,176
牡馬	1600万下	1,979	409	310	252	1,008
牡馬	オープン特別	1,308	277	215	178	638
牡馬	重賞	1,219	254	170	154	641
牝馬	新馬・未勝利	4,530	911	787	635	2,197
牝馬	500万下	2,526	500	387	293	1,346
牝馬	1000万下	1,261	221	194	163	683
牝馬	1600万下	522	97	84	57	284
牝馬	オープン特別	269	55	38	19	157
牝馬	重賞	161	32	26	15	88

性別	クラス	勝率	連対率	3着内率	単勝回収値	複勝回収値
牡馬	新馬・未勝利	22.7%	41.2%	55.1%	79円	84円
牡馬	500万下	21.3%	37.4%	50.7%	80円	82円
牡馬	1000万下	20.6%	37.2%	50.0%	77円	81円
牡馬	1600万下	20.7%	36.3%	49.1%	80円	79円
牡馬	オープン特別	21.2%	37.6%	51.2%	78円	81円
牡馬	重賞	20.8%	34.8%	47.4%	87円	80円
牝馬	新馬・未勝利	20.1%	37.5%	51.5%	75円	83円
牝馬	500万下	19.8%	35.1%	46.7%	80円	79円
牝馬	1000万下	17.5%	32.9%	45.8%	70円	77円
牝馬	1600万下	18.6%	34.7%	45.6%	75円	77円
牝馬	オープン特別	20.4%	34.6%	41.6%	81円	70円
牝馬	重賞	19.9%	36.0%	45.3%	86円	78円

単勝1～3番人気のみ。障害戦、牝馬限定戦、セン馬が出走できないレースを除く

全体的に牝馬の成績が悪いです。ウオッカやダイワスカーレット、ブエナビスタ、ジェンティルドンナのように、底力が必要な重賞、特にGIレースで牡馬を相手に活躍できる牝馬は一握りです。

CHAPTER : 2 「激走力」を構成する要素① 「競走馬編」
ダート戦は牡馬を重視

◇馬体重が重い牡馬は好走率が高い

　牡馬と牝馬が一緒に出走するレースで、牡馬を優先するポイントは、「パワーが必要な条件」です。レースに出走した際の平均馬体重は、牡馬は480.8キロで、牝馬が454.9キロ。人間と同じく、サラブレッドの骨格も牡馬のほうがたくましく、筋肉量が豊富でパワーがあります。この牡・牝の体格差は、ダートで顕著な数字として出てきます。

　データでは3着内率で約6％の差があり、人気を集めていても、牝馬はダートでは信頼できないことがわかります。牝馬限定戦で好走した馬が、次走で牡馬と対戦するような場合は注意が必要です。

◇「2歳」と「4歳以上」で、特に牡馬が有利

　馬齢で区分すると、「2歳」と「4歳以上」のダート戦で、牝馬の成績が低くなっています。「2歳のダート戦では馬体重が重い馬が有利」という傾向があり、馬格で劣る牝馬には厳しいからだと捉えています。古馬になってダート馬として完成していくにつれて、スタミナが必要なレースが多くなり、4歳以上のレースで牝馬の好走率が落ち込んでいます。
　また、3歳まで芝で走っていた馬が、ダート戦に転向してくることも要因の1つです。これらの条件では、牡馬を重視して予想を組み立てていきます。

　もちろん、牝馬でも牡馬並みの馬格に恵まれていれば、減点は少しで構いません。牝馬の馬体重の基準は、およそ460キロです。これより馬体重が軽ければ、牝馬の評価を下げて考えるべきです。

ダート戦の成績（牡牝別）

性別	総数	1着	2着	3着	着外
牡馬	16,826	3,692	2,881	2,301	7,952
牝馬	3,101	567	495	384	1,655

性別	勝率	連対率	3着内率	単勝回収値	複勝回収値
牡馬	21.9%	39.1%	52.7%	80円	83円
牝馬	18.3%	34.2%	46.6%	70円	75円

世代別ダート戦の成績（牡牝別）

性別	世代	総数	1着	2着	3着	着外
牡馬	2歳限定	2,093	504	404	268	917
牡馬	3歳限定	5,942	1,313	1,060	873	2,696
牡馬	3歳以上	4,875	1,049	762	669	2,395
牡馬	4歳以上	3,916	826	655	491	1,944
牝馬	2歳限定	632	104	99	97	332
牝馬	3歳限定	1,095	217	186	142	550
牝馬	3歳以上	889	176	139	98	476
牝馬	4歳以上	485	70	71	47	297

性別	世代	勝率	連対率	3着内率	単勝回収値	複勝回収値
牡馬	2歳限定	24.1%	43.4%	56.2%	82円	85円
牡馬	3歳限定	22.1%	39.9%	54.6%	79円	84円
牡馬	3歳以上	21.5%	37.1%	50.9%	81円	82円
牡馬	4歳以上	21.1%	37.8%	50.4%	82円	83円
牝馬	2歳限定	16.5%	32.1%	47.5%	56円	72円
牝馬	3歳限定	19.8%	36.8%	49.8%	73円	80円
牝馬	3歳以上	19.8%	35.4%	46.5%	82円	77円
牝馬	4歳以上	14.4%	29.1%	38.8%	58円	66円

いずれも、単勝1～3番人気のみ。牝馬限定戦、セン馬が出走できないレースを除く

「激走力」

CHAPTER : 2 「激走力」を構成する要素①「競走馬編」

ゴール前の急な上り坂では牡馬が強い

◇スタミナが必要なダート戦では、牡馬を重視

　パワーを要する条件といえば、中山や中京など、ゴール前に急な上り坂があるコースも挙げられます。これらのコースでは、ラスト1Fのラップタイムが遅くなりやすいのが特徴です。そのため、最後までしっかりと走り切る「スタミナ」が必要になります。

　性別によるスタミナの差は、ダート戦において明確に見てとれます。

　ダートは牝馬が苦手とする要素ですが、ゴール前に急な上り坂があるコースのダートでは、さらに成績が下がります。

　競馬場別のデータを見てみると、牝馬は中京競馬場での成績が悪いことに目がいきます。2012年に行われた馬場の改修工事で、直線を向いてすぐに急な上り坂が設けられたことが大きな理由でしょう。リニューアル後の中京は、坂を上り切った後に、もう一度末脚を使わなければならないタフなコースです。

◇阪神のダート戦では牝馬が好走できる

　JRAで最も上り坂の勾配(こうばい)がきつい中山も、スタミナが必要だという傾向は同じです。特に、この坂を2回上るダート1800mでは、牝馬の3着内率は、単勝1〜3番人気でも36.8％と低いことが明らかです。

　ただし、急な上り坂があるコースでも、阪神はこの限りではありません。中山・中京よりも坂の勾配が緩やかで、阪神ダート1200、1400mでは、牝馬の好走率が高いです。

ダート戦における牝馬の競馬場別成績

競馬場	総数	1着	2着	3着	着外
札幌	133	27	23	21	62
函館	229	46	47	24	112
福島	218	42	23	28	125
新潟	215	40	27	25	123
東京	396	66	76	49	205
中山	559	99	78	72	310
中京	210	30	40	19	121
京都	513	94	68	54	297
阪神	444	85	78	65	216
小倉	184	38	35	27	84

競馬場	勝率	連対率	3着内率	単勝回収値	複勝回収値
札幌	20.3%	37.6%	53.4%	71円	81円
函館	20.1%	40.6%	51.1%	76円	80円
福島	19.3%	29.8%	42.7%	75円	71円
新潟	18.6%	31.2%	42.8%	65円	71円
東京	16.7%	35.9%	48.2%	61円	78円
中山	17.7%	31.7%	44.5%	71円	75円
中京	14.3%	33.3%	42.4%	61円	70円
京都	18.3%	31.6%	42.1%	70円	66円
阪神	19.1%	36.7%	51.4%	70円	82円
小倉	20.7%	39.7%	54.3%	85円	85円

単勝1～3番人気のみ。牝馬限定戦、セン馬が出走できないレースを除く

札幌、函館、阪神、小倉では、牝馬の3着内率が50％を超えています。牝馬が北海道開催で活躍できる理由は、季節にあります。このことを、次ページから説明していきます。

CHAPTER : 2　　「激走力」を構成する要素①「競走馬編」
冬場は牡馬を狙う

◇寒い時期は牝馬の成績が下がる

　日照時間が短く、気温が下がる冬場になると、牝馬にはある兆候が見られます。体内の脂肪を保とうとして、体に冬毛を生やすのです。

　また、牝馬の発情である「フケ」は、およそ３月ごろに始まります。この時期のパドックでは、尾を左右にフワリフワリと振ることで、牡馬を誘う仕草を見せることがあります。

　そのようなときはレースに臨む精神状態にはなく、冬場は牝馬の成績が下がる傾向があります。

◇牝馬の成績が下がる冬場は、牡馬が有利になる

　この時期のダートは、凍結を防ぐために散水があまり行われません。ダートが乾燥しやすく、パワーが必要な馬場になります。また、通常、１月には中山と中京で競馬が開催されており、牝馬が苦手な「ゴール前に急な上り坂があるコース」でのレース数が多くなっています。そのことが、冬場に牡馬の成績が相対的に高い理由です。

　右の表は、牝馬限定戦と、セン馬が出走できないレースを除いた、牡馬の月別成績です。10月から好走率が高く、３月まで続いています。53ページに牝馬の月別成績のデータを載せているので、牡馬と牝馬の成績の差を見比べてみてください。

　このように、季節によって牡馬と牝馬の成績には偏りが生じます。特にスタミナが必要なコースでは、冬季は意識して牡馬を狙います。

牡馬の月別成績

月	総数	1着	2着	3着	着外
1月	2,791	614	479	367	1,331
2月	2,596	597	436	335	1,228
3月	2,954	662	516	389	1,387
4月	2,731	575	455	380	1,321
5月	2,735	545	473	369	1,348
6月	2,415	513	416	344	1,142
7月	2,699	580	437	401	1,281
8月	2,733	557	462	360	1,354
9月	2,063	448	341	267	1,007
10月	2,742	611	485	377	1,269
11月	2,739	641	463	364	1,271
12月	2,572	557	449	314	1,252

月	勝率	連対率	3着内率	単勝回収値	複勝回収値
1月	22.0%	39.2%	52.3%	84円	84円
2月	23.0%	39.8%	52.7%	86円	85円
3月	22.4%	39.9%	53.0%	83円	84円
4月	21.1%	37.7%	51.6%	78円	83円
5月	19.9%	37.2%	50.7%	72円	81円
6月	21.2%	38.5%	52.7%	78円	82円
7月	21.5%	37.7%	52.5%	77円	82円
8月	20.4%	37.3%	50.5%	70円	79円
9月	21.7%	38.2%	51.2%	80円	79円
10月	22.3%	40.0%	53.7%	78円	84円
11月	23.4%	40.3%	53.6%	87円	85円
12月	21.7%	39.1%	51.3%	77円	80円

単勝1～3番人気のみ。障害戦、セン馬が出走できないレースを除く

10月から3月にかけては、パワーが必要な中京や中山のダート戦で牡馬を狙います。「夏場に力を出せなかった牡馬の巻き返し」を意識するのがポイントです。

CHAPTER : 2 「激走力」を構成する要素①「競走馬編」

「夏は牝馬」という格言は正しい

◇牡馬の成績が下がる夏場は、牝馬が有利になる

次に、牝馬が有利な条件を見ていきます。「夏は牝馬」という格言があるように、牝馬は冬に弱い分、夏に強いという傾向が顕著に表れています。

これは「夏季に人気にならなかった牡馬の好走率が低い」ことが要因です。夏季に成績を落とす牡馬は、夏負け（夏バテ）の兆候を見せることがあります。このような症状について、情報として競馬ファンには伝わらないケースがあります。

自分の目で状態を確かめてみたいという方のために、185ページの写真でご説明します。

<mark>これらの兆候が出ている馬は、人間でいう「夏バテ」の状態ですので、実力を十分に発揮できません。</mark>

睾丸の腫れ
夏季は牡馬の多くが、睾丸が腫れあがっている状態にあります。特に重篤なのは、睾丸が大きく腫れた上に、片側にダランと垂れさがっている状態の馬です。この状態でパドックを重苦しく歩いていれば、夏負けしていると判断できます。

目の周りが黒い
目の周りの毛が抜け落ちて黒く見えています。このような馬も、夏負けの兆候が出ていると判断できます。パドックでしんどそうに歩いていないか、歩様とセットでチェックします。

牝馬の月別成績

月	総数	1着	2着	3着	着外
1月	578	93	99	69	317
2月	658	114	111	88	345
3月	612	114	74	76	348
4月	580	117	79	73	311
5月	648	122	98	66	362
6月	721	151	133	96	341
7月	1,071	224	201	144	502
8月	1,153	255	203	146	549
9月	840	162	150	108	420
10月	871	174	137	119	441
11月	814	141	125	104	444
12月	723	149	106	93	375

月	勝率	連対率	3着内率	単勝回収値	複勝回収値
1月	16.1%	33.2%	45.2%	60円	75円
2月	17.3%	34.2%	47.6%	69円	81円
3月	18.6%	30.7%	43.1%	69円	72円
4月	20.2%	33.8%	46.4%	84円	80円
5月	18.8%	34.0%	44.1%	72円	75円
6月	20.9%	39.4%	52.7%	81円	84円
7月	20.9%	39.7%	53.1%	81円	86円
8月	22.1%	39.7%	52.4%	86円	85円
9月	19.3%	37.1%	50.0%	74円	82円
10月	20.0%	35.7%	49.4%	77円	80円
11月	17.3%	32.7%	45.5%	63円	74円
12月	20.6%	35.3%	48.1%	84円	78円

単勝1〜3番人気のみ。障害戦、牝馬限定戦、セン馬が出走できないレースを除く

牝馬は、季節によって成績に大きな差があります。6〜9月は、単勝1〜3番人気の3着内率が50％を超えています。この時期に限っては、牡馬に匹敵する成績を収めるので、牝馬の評価を上げる必要があります。

CHAPTER : 2 　「激走力」を構成する要素①「競走馬編」
外国産馬は成績が良い

◇外国産馬は、芝・ダートとも好走率が高い

　外国産馬は、芝・ダートとも、全体の平均よりも優れた成績を収めています。外国産馬とは、「JRAのレースに出走する以前に、海外のレースに出走したことがない外国産馬」のことで、通称は「マル外」です。データを見ると、芝・ダートともに、外国産馬の好走率が高いことがわかります。

　一般的に、日本の芝の高速馬場では、欧州の主流血統であるGalileo（ガリレオ）などの産駒は、切れ味不足で結果を残せないとされています。芝の品種、時計、そしてペースまで全く異なる欧州の血統が、日本の競馬にフィットしないのは仕方がないことです。そのような状況でも、外国産馬は、芝でも内国産馬以上の成績を収めているのです。
　外国産馬は「マイル以下の距離」「切れ味での勝負ではなく、スピード、パワーを活かせるレース」を目指すケースが多いのです。そしてその傾向が、好結果につながっています。

◇外国産馬の成績は上昇傾向

　外国産馬の成績は、長年勝率が10％を下回っていたのですが、2014年からは4年連続して10％以上の勝率を収めています。これは、Smart Strike（スマートストライク）など、芝でもダート戦でも結果を出せる種牡馬の産駒が導入されていることが大きいです。

　エアレーション作業等による馬場の変化が外国産馬に向いてきたことも、好走の要因と言えます。

外国産馬の成績（芝・ダート別）

芝・ダート	区分	総数	1着	2着	3着	着外
芝	外国産馬	887	210	154	93	430
芝	それ以外	24,127	5,068	4,044	3,168	11,847
ダート	外国産馬	1,531	373	263	162	733
ダート	それ以外	23,349	4,898	3,941	3,195	11,315

芝・ダート	区分	勝率	連対率	3着内率	単勝回収値	複勝回収値
芝	外国産馬	23.7%	41.0%	51.5%	82円	80円
芝	それ以外	21.0%	37.8%	50.9%	78円	82円
ダート	外国産馬	24.4%	41.5%	52.1%	77円	79円
ダート	それ以外	21.0%	37.9%	51.5%	78円	82円

単勝1～3番人気のみ

芝のレースでも、外国産馬の好走率は高いです。大きな差には感じないかもしれませんが、外国産馬は「激走力が高い存在」として評価します。

モーニン（2016年2月11日撮影）

ジャンダルム（2017年12月21日撮影）

CHAPTER : 2　「激走力」を構成する要素①「競走馬編」

「馬体重が重く、斤量が軽い馬」が有利

◇「馬体重に対する斤量の比率」を考慮する

　「馬体重が重い馬の成績が良い」という傾向は、斤量と一緒に考えると、なおさら効果があります。斤量は軽い方が有利です。ただし、ハンデ戦においては、実績を元に斤量が決定されるため、斤量が軽い馬の成績は芳しくありません。

　そこで注目したいのは、「馬体重に対する斤量の比率」です。

競馬の POINT! 馬体重に対する斤量の比率とは？

　「斤量÷馬体重」で算出します。この比率は、馬体重が重ければ重いほど、斤量が軽くなればなるほど低くなります。

　馬体重が500キロで斤量が54キロの場合、比率は54÷500＝10.8％です。そして、馬体重が420キロで斤量が54キロの場合、比率は約12.9％となります。

　この「馬体重に対する斤量の比率」が低ければ低いほど、好走できるのが、新潟芝1000mです。極限のスピード勝負になるため、「馬体重に対する斤量の比率」によって成績が大きく左右されます。データを見ても、「馬体重に対する斤量の比率」によって、好走率に明らかな差が見てとれます。

◇芝の長距離戦では比率が大きくても好走できる

　馬体重が重い馬格のある馬が有利なダートはもちろん、芝の短距離戦でも新潟芝1000mと同様の傾向が得られます。

　ただし、芝の長距離においては「馬体重に対する斤量の比率」が大きくても好走できるという傾向があります。代表的なのが東京芝2400mの単勝1～3番人気馬で、比率が大きいほど有利です。

新潟芝1000mにおける、馬体重に対する斤量の比率

斤量／馬体重	総数	1着	2着	3着	着外
～11.0%	55	14	8	8	25
～11.5%	84	17	15	11	41
～12.0%	105	21	14	12	58
～12.5%	79	12	9	10	48
12.5%超	49	8	12	4	25

斤量／馬体重	勝率	連対率	3着内率	単勝回収値	複勝回収値
～11.0%	25.5%	40.0%	54.5%	121円	111円
～11.5%	20.2%	38.1%	51.2%	96円	89円
～12.0%	20.0%	33.3%	44.8%	77円	72円
～12.5%	15.2%	26.6%	39.2%	40円	65円
12.5%超	16.3%	40.8%	49.0%	86円	85円

「馬体重に対する斤量の比率」が12%を超えると、好走率が下がります

東京芝2400mにおける、馬体重に対する斤量の比率

斤量／馬体重	総数	1着	2着	3着	着外
～12.5%	76	17	11	12	36
12.5%超	33	9	4	5	15

斤量／馬体重	勝率	連対率	3着内率	単勝回収値	複勝回収値
～12.5%	22.4%	36.8%	52.6%	83円	82円
12.5%超	27.3%	39.4%	54.5%	93円	75円

いずれも、単勝1～3番人気のみ

比率が12.5%を超える馬を狙います。比率が11.0%以下の勝率は、13.8%と低いものでした。

CHAPTER : 2 「激走力」を構成する要素①「競走馬編」
仕上がりを確認する

◇競走馬のパフォーマンスは仕上がりに左右される

　今回どの程度のパフォーマンスを発揮できるかは、パドックで推し量ることができます。この「仕上がり」が、「激走力」を生む大きなカギとなります。

　コンディションは、パドックにて腹回りを見ることで推測できます。調子が良い馬の腹回りは、皮膚に程良い張りがあり、引き締まっています。一方で、調子が良くない馬の腹回りは厚ぼったく、毛ヅヤも冴えません。

◇レース時の状態に激走のヒントがある

　同じ休み明け時の敗戦でも、「余裕を残した造りで力を出し切れなかった」ものだったのか、「万全の仕上がりで敗れたか」では意味合いが異なります。

　レースの結果だけでなく、どのような状態でのパフォーマンスであったかを知ることが、次走での「激走のヒント」となるのです。

　競走馬の仕上がりは、「タテの比較」と「ヨコの比較」で行います。各馬の前走時や、好走時と比較する「タテの比較」によって状態の変化を読み取り、他の出走馬との状態や気配および能力差を「ヨコの比較」によって把握します。

　そうして、「好走時」および「凡走時」の仕上がりを確認し、記憶していきます。

パドックから得られるデータ

パドックから得られるデータには、以下のような項目があります。

① パドックでの「気配」「状態」、その馬の「素質」
② 蹄の形状から頭部の大きさに至るまでの馬体の構造
③ 疾病や脚部の不安等の有無
④ 馬装具の変化

競走馬のパフォーマンスは、仕上がりに左右されます。私が所属するJRDBでは、創立当初から今日に至るまで約20年間、パドックで各馬の「活きた」データを収集し続けています。競走馬が生き物である以上、パドックでのデータ収集は不可欠です。そのため、私たちはパドックで出走馬と向き合い続けているのです。

また、素質から適性、そして疾病に至るまで、競走馬のあらゆるデータがパドックで確認できると言っても過言ではありません。厩舎や外厩ごとの仕上げ方の特徴なども知ることができます。

何気なくパドック映像を眺めているのではなく、パドックで見つけることができる「激走のヒント」を探してみましょう。

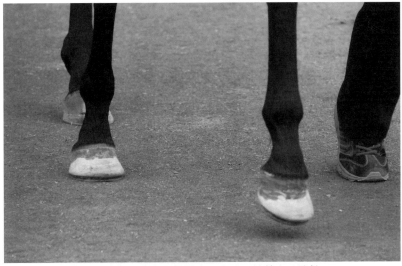

シガフース蹄鉄…蹄内部の疾患を保護するために接着する蹄鉄

CHAPTER : 2 「激走力」を構成する要素① 「競走馬編」
後肢が長い馬を狙う

◇距離を問わず、後肢が長い馬は有利

　身長が高い馬は、一完歩でより長い距離を進むことができるため、スタミナ面で有利だと言えます。

　競走馬の身長を表す体高(たいこう)（地面からき甲までの高さ）のデータは、JRAの公式データでは発表されていないので、本書ではJRDBの「後肢の長さ」のデータを参考にします。「後肢の長さ≒体高」と考えて、後肢の長さが競走能力に与える影響を検証しました。

　成績を検証した結果、距離を問わず、後肢が長い馬の好走率が高いです。後肢が長い馬は、短距離戦においても有利であることがわかります。

　パドックを見る際は、状態や気配はもちろんのこと、「後肢の長さ」にも注目してください。

◇キタサンブラックは後肢が長かった

　最近の活躍馬では、2016年、2017年と2年連続で年度代表馬に選出されたキタサンブラック（清水久詞厩舎）が「後肢が長い」代表例です。距離の守備範囲が広く、1800mから3200mまでの距離で活躍しました。
　引退レースとなった、2017年の有馬記念時の馬体重は540キロ。他を圧倒する存在感がある馬体に、長い四肢が目に留まります。これに心肺機能の高さも相まって、長距離でも高いパフォーマンスを発揮しました。

距離×後肢の長さの成績

距離	後肢の長さ	総数	1着	2着	3着	着外
～1300m	短い	1,547	290	235	209	813
	普通	6,282	1,294	1,043	782	3,163
	長い	2,987	644	473	376	1,494
1400m～1700m	短い	1,346	242	226	169	709
	普通	7,644	1,565	1,291	1,037	3,751
	長い	5,297	1,149	917	675	2,556
1800m～2200m	短い	1,114	204	179	168	563
	普通	7,697	1,639	1,278	1,018	3,762
	長い	7,982	1,779	1,403	1,083	3,717
2300m～	短い	91	18	12	11	50
	普通	879	186	137	133	423
	長い	1,098	220	173	163	542

距離	後肢の長さ	勝率	連対率	3着内率	単勝回収値	複勝回収値
～1300m	短い	18.7%	33.9%	47.4%	76円	78円
	普通	20.6%	37.2%	49.6%	79円	81円
	長い	21.6%	37.4%	50.0%	83円	82円
1400m～1700m	短い	18.0%	34.8%	47.3%	65円	75円
	普通	20.5%	37.4%	50.9%	77円	82円
	長い	21.7%	39.0%	51.7%	79円	83円
1800m～2200m	短い	18.3%	34.4%	49.5%	72円	79円
	普通	21.3%	37.9%	51.1%	79円	81円
	長い	22.3%	39.9%	53.4%	80円	84円
2300m～	短い	19.8%	33.0%	45.1%	76円	70円
	普通	21.2%	36.7%	51.9%	81円	84円
	長い	20.0%	35.8%	50.6%	68円	80円

いずれも、単勝1～3番人気のみ。障害戦と、後肢の長さが不明な馬のデータは除く

後肢が短い馬は、すべての距離区分において、好走率が低いことがわかります。該当する馬は少ないですが、予想の重要な判断基準となります。

CHAPTER : 2　「激走力」を構成する要素①「競走馬編」
蹄から馬場の適性をつかむ

◇蹄の形状から激走を読み取る

　脚の長さの他に押さえておきたいのが、「蹄の形状」です。蹄の形状は、「大きさ」と「形」の２種類を組み合わせて表記しています。

大きさ（４種類）　大、中、小、細（反る）
形状　角度が立っている順に
立＞標準起き＞標準＞標準ベタ＞ベタ

とし、大きいベタ蹄であれば表記は「大・ベタ」となります。
　蹄の形状ごとに集計してみると、芝コースでは標準～ベタの形状の馬が、ダートコースでは立～標準の馬の勝率が高いです。
　芝馬は、「中・標ベタ」および「中・ベタ」の形状の蹄が理想です。この形状は最も該当馬が多く、起き気味の蹄の馬よりも成績が良いです。形状が「立ち～標準起き」の蹄は、「ダート戦で有利で、芝コースでは能力を出し切れない」という傾向があります。

　このように、<u>蹄の形状は馬場適性に影響している</u>のです。巻末に写真がありますので、見比べてみてください。

◇蹄の形状と適性

・ベタ蹄…スピードが活きる芝の平坦コースに向いている。水を含んだ重馬場では分が悪い。
・標準蹄…標準的な蹄。芝・ダートを問わず走れる。馬場状態にも左右されにくい。
・起き蹄…ダートに向く形状。芝ではややスピード不足になるが、重馬場で台頭する。

また、蹄の大きさは、スピードにも影響します。データが示す通り、小さすぎても、大きすぎても、スピードを発揮することができません。

注　蹄の形状は、成長や削蹄によって変化する場合がございます

2017年10月29日 東京11R 天皇賞秋（GI）芝2000m 不

大雨のため、芝がドロドロになった不良馬場で行われたレースです。この時の3着馬は、⑧レインボーラインでした。

天皇賞秋の前日段階での、レインボーラインの蹄の形状は「小・標起」。これは重馬場で台頭しやすい蹄です。重馬場での実績に加えて、蹄からも激走を読み取ることはできました。

また、同レースで6着だった⑨ソウルスターリングの蹄は、「中・ベタ」という形状でした。この蹄は、芝の良馬場でのスピード比べに適しています。結果論になりますが、ソウルスターリングは、稍重馬場の桜花賞（GI・阪神芝1600m）では直線の伸びを欠き、良馬場のオークス（GI・東京芝2400m）では強い内容で完勝。蹄の形状通りの適性を示しています。

このように、血統や実績だけで適性を語るのではなく、蹄の形状も合わせて見ることで馬場適性が見えてきます。

蹄から馬場の適性をつかむ

着順	激走指数	馬名	性齢	斤量	騎手	人気	厩舎	馬体重
1着	56	キタサンブラック	牡5	58	武 豊	1人	清水久	542(±0)
2着	55	サトノクラウン	牡5	58	Mデム	2人	堀	498(+10)
3着	43	レインボーライン	牡4	58	岩 田	13人	浅 見	452(+8)

着順	枠番	馬番	馬名	タイム	着差	コーナー通過順位	上がり3F（順位）
1着	4枠	7番	キタサンブラック	2:08.3		⑪⑬⑤②	38秒5 ①
2着	1枠	2番	サトノクラウン	2:08.3	クビ	⑦⑦②②	38秒6 ②
3着	4枠	8番	レインボーライン	2:08.7	2 1/2	⑩⑩⑫⑤	38秒7 ④

単勝	7	310円		馬単	7-2	1,660円
複勝	7	160円			2-7	410円
	2	170円		ワイド	7-8	2,950円
	8	600円			2-8	2,060円
枠連	1-4	800円		3連複	2-7-8	15,290円
馬連	2-7	900円		3連単	7-2-8	55,320円

CHAPTER : 2　「激走力」を構成する要素①「競走馬編」
ハミの形状と効果を知る

◇ハミは騎手の指示を競走馬に伝える重要な馬装具

　ハミは車に例えると、ハンドルやブレーキの役割をします。ハミには様々な種類があって用途が異なるので、装着するハミを変更して成績が一変する馬もいます。

　基本的に、ハミは口の中にかませる「ハミ身（しん）」と、口の外に出ている「ハミ環（かん）」で構成されています。ハミ身は、「形状」「太さ」「材質」などによって、「硬さ」や「味」、「中心部での連結の方法」などにより、多数の組み合わせがあります。
　しかし、パドックで口の中に入っているハミ身を確認することはできません。そこで本書では、口の外に出ているハミ環の形状によって、ハミの種類を分類しています。使用頻度が高いハミの種類と効用をまとめました。各ハミの写真は、巻末にありますのでご確認ください。

◇使用頻度の高いハミの種類と効用

・ノーマルハミ…ハミ環の形が円形。オーソドックスなハミ。
・エッグハミ…ハミ環の形が卵（Egg）形。口角への当たりが柔らかく、折り合いや気性に問題がない馬に使用する。
・リングハミ…ハミ環が枝状。下顎（したあご）の下側にハミ身と連結したリングがついていて、口角と下顎の2箇所で馬を制御する。
・トライアハミ…ハミ環は大きめの円形。ハミ身は折れ曲がらず、ハミ環が下顎の下のリングと連結している。
・eハミ（HS社ハミ）…ハミ環がエッグハミとDハミの中間の形をしている。ハミ身の部分が可動し、エッグハミの当たりの柔らかさと、Dハミの制御力を併

せ持っている。
- Dハミ…ハミ環がアルファベットのD字型をしている。口角に当たる部分が直線になっていてハミ枝の役割をするので、制御力が強い。

使用頻度が高いハミ別の成績

ハミ名	総数	1着	2着	3着	着外
ノーマル	4,767	999	810	622	2,336
エッグ	3,777	827	639	551	1,760
リング	2,595	558	435	329	1,273
トライア	1,010	211	159	148	492
e(HS社)	582	139	101	78	264
ポチ付き	206	55	35	20	96
D	170	44	20	25	81
タンプレート	23	9	1	1	12
リーグル	16	2	5	0	9
ホートン	5	1	2	0	2

ハミ名	勝率	連対率	3着内率	単勝回収値	複勝回収値
ノーマル	21.0%	37.9%	51.0%	81円	81円
エッグ	21.9%	38.8%	53.4%	77円	83円
リング	21.5%	38.3%	50.9%	76円	80円
トライア	20.9%	36.6%	51.3%	76円	81円
e(HS社)	23.9%	41.2%	54.6%	89円	87円
ポチ付き	26.7%	43.7%	53.4%	91円	82円
D	25.9%	37.6%	52.4%	119円	92円
タンプレート	39.1%	43.5%	47.8%	133円	81円
リーグル	12.5%	43.8%	43.8%	33円	61円
ホートン	20.0%	60.0%	60.0%	64円	92円

2016年9月1日～2017年12月31日まで。単勝1～3番人気のみ。障害戦を除く

使用頻度が高いハミの中では、エッグハミとeハミ（HS社ハミ）の好走率が高いです。頻度が低い中では、タンプレートハミの勝率が高いことに注目です。（140ページを参照）

「激走力」

CHAPTER : 2　「激走力」を構成する要素①「競走馬編」
ハミも競走成績に影響を与える

◇3年連続で、ダービー馬が使っていたハミ

　現在、最も注目度が高いハミは、HS社製のエッグハミ（以下：eハミ）です。

　eハミは、堀宣行厩舎がパイオニアとして導入し始めて以降、数々のGⅠ馬が使用。そのような経緯もあり、一気に普及しました。特に日本ダービーでは、ノーザンファーム生産馬の、
・2015年ドゥラメンテ（堀宣行厩舎）
・2016年マカヒキ（友道康夫厩舎）
・2017年レイデオロ（藤沢和雄厩舎）
と、3年連続でこの形のハミを装着した馬がダービー馬の称号を得ています。

　現在では、主に、ノーザンファームと関わりが深い厩舎で多く採用されています。そのため、eハミを着用した競走馬には、リーディング上位の騎手が乗る機会が多くなり、結果として、各騎手の好走率が高いという傾向があります。

◇eハミと相性が良い騎手

　2015年あたりから登場してきたハミなのでサンプル数としては少ないのですが、データのとおり十分な結果が出ています。特に、C・ルメール騎手、M・デムーロ騎手は、このHS社製のエッグハミ装着馬で非常に勝率が高いのが特徴です。

注：eハミを、JRDBでは2016年9月10日の開催から収集を開始しました。それ以前は、Dハミに含めてデータを集計しています。ハミは、口の外に出ているハミ環の形状が似ているもので分類しています。

HS社ハミを使用した際の成績 騎手

騎手名	総数	1着	2着	3着	着外
C・ルメール	67	25	12	3	27
M・デムーロ	49	12	11	6	20
戸崎圭太	63	12	8	7	36
武豊	47	10	7	4	26

騎手名	勝率	連対率	3着内率	単勝回収値	複勝回収値
C・ルメール	37.3%	55.2%	59.7%	119円	106円
M・デムーロ	24.5%	46.9%	59.2%	100円	101円
戸崎圭太	19.1%	31.7%	42.9%	89円	81円
武豊	21.3%	36.2%	44.7%	91円	95円

HS社ハミを使用した際の成績 厩舎

厩舎名	総数	1着	2着	3着	着外
堀宣行	127	24	16	15	72
中内田充正	88	16	8	7	57
友道康夫	92	15	12	12	53
木村哲也	75	12	10	5	48

厩舎名	勝率	連対率	3着内率	単勝回収値	複勝回収値
堀宣行	18.9%	31.5%	43.3%	89円	76円
中内田充正	18.2%	27.3%	35.2%	70円	63円
友道康夫	16.3%	29.3%	42.4%	99円	97円
木村哲也	16.0%	29.3%	36.0%	56円	62円

いずれも、2016年9月1日～2017年12月31日まで。障害戦を除く

木村哲也厩舎や藤沢和雄厩舎の馬に多く騎乗しているC・ルメール騎手の勝率が抜けて高くなっています。3着内率は59.7%と、安定した成績を収めているので今後も注目です。

CHAPTER : 2 「激走力」を構成する要素① 「競走馬編」
馬装具も激走にかかわる

◇GI馬の馬装具で、最新の馬装具事情を知る

　ここでは、今後さらに使用馬の増加が予測される馬装具を紹介します。GI馬の馬装具を観察することで、激走力の向上につながる「最新の馬装具事情」を知ることができます。

・ノーズバンド（クロス鼻革）
　ハミ環の上部と下部を挟むように、鼻梁（眉間から鼻の先端までの部分）の上で交差しているノーズバンド。口が開きすぎないようにするための馬装具で、ハミを正しい位置に固定させる効果があります。
　ノーザンファームグループの生産馬が多く使用し、大レースで次々と活躍馬を誕生させています。GI馬ではサトノクラウン（堀宣行厩舎）、ソウルスターリング（藤沢和雄厩舎）などが主に使用しています。
　締め方がきつ過ぎると逆効果になるので、クロスしている部分に指が1本分入るぐらいの余裕を持たせて装着するのが理想です。
　また、フランスでは、このクロスタイプのノーズバンドは、気道を開く効果があるとされています。フォア賞で息遣いが悪かったサトノダイヤモンド（池江泰寿厩舎）が、構造が似ているフィギュアエイトノーズバンドを凱旋門賞で装着していました。

・チークピース
　頭絡の頬革（紐）の部分に巻きつけたボア状の馬装具。横と後方の視界を遮ることで、レースに集中させる効果があります。怖がりの馬や、片側によれる馬などに効きます。16年、17年の中山グランドジャンプ（J・GI）と中山大障害（J・GI）を勝ち、両年の最優秀障害馬に輝いた、オジュウチョウサンが装着しています。

厩舎別ノーズバンド使用時の成績

厩舎名	総数	1着	2着	3着	着外
堀宣行	329	65	38	16	210
木村哲也	334	51	35	31	217
藤沢和雄	193	46	26	14	107
大竹正博	408	22	29	31	326
村山明	84	17	14	10	43
中内田充正	82	15	12	9	46
戸田博文	192	15	8	15	154
矢作芳人	156	13	21	14	108
古賀慎明	128	13	16	10	89
中川公成	87	13	4	5	65
友道康夫	64	10	10	3	41
伊藤圭三	131	10	9	9	103
栗田徹	141	9	10	12	110

厩舎名	勝率	連対率	3着内率	単勝回収値	複勝回収値
堀宣行	19.8%	31.3%	36.2%	86円	76円
木村哲也	15.3%	25.7%	35.0%	100円	73円
藤沢和雄	23.8%	37.3%	44.6%	131円	88円
大竹正博	5.4%	12.5%	20.1%	45円	68円
村山明	20.2%	36.9%	48.8%	203円	158円
中内田充正	18.3%	32.9%	43.9%	154円	92円
戸田博文	7.8%	12.0%	19.8%	39円	69円
矢作芳人	8.3%	21.8%	30.8%	111円	80円
古賀慎明	10.2%	22.7%	30.5%	36円	66円
中川公成	14.9%	19.5%	25.3%	78円	91円
友道康夫	15.6%	31.3%	35.9%	60円	63円
伊藤圭三	7.6%	14.5%	21.4%	70円	73円
栗田徹	6.4%	13.5%	22.0%	36円	97円

障害戦を除く

リーディングの上位厩舎が多く、堀宣行厩舎などの好走率が高いことにも納得できます。ノーザンファームの生産馬以外では、村山明厩舎が好成績を収めています。

CHAPTER : 2 「激走力」を構成する要素① 「競走馬編」

調教で動ける馬は好走率が高い

◇好調教ができた馬を探す

　新馬戦では、調教で動けた方が人気になる傾向があります。しかし、それで負けると、「調教でしか動かない馬」「能力が低い馬」などと、軽視されるようになります。

　調教で動く馬は、好走率が高いです。しかし、速く走ることだけが良い調教ではありません。調教の時計が速いからという理由だけで評価するのではなく、「能力指数」と同じように、調教を元に内容を精査した「調教指数」として活用します。

競馬の POINT! 調教指数とは？

　「調教コース」「馬場差」「調教時間」「騎乗者」「厩舎」「コース取り」「併せ馬」など、様々な要素によって調教内容を補正して算出した、調教を評価する指数です。指数が高いほど良い調教であったことを意味します。

　レースと同じように、調教も長期にわたって見続けることが大切です。「前走や好調時と比較して、今回はどうなっているか？」という視点を持ちます。

　中には、調教では動かないのに、レースで勝つ馬もいます。その逆で、調教が良くても、結果にはつながらないケースもあります。

　好調教ができている馬は、数走の凡走で見限るのではなく、他の激走力の要素がそろったタイミングで狙います。これらを踏まえて、調教の見方を確認していきます。

2018年1月14日 京都11R 日経新春杯（GⅡ）芝2400m 良

　単勝4番人気の②ロードヴァンドールと、7番人気⑨ガンコが小波乱を演出したレースです。この2頭には共通点がありました。それは、このレースの中間に、これまでの競走成績の中で屈指の好調教をしていたことです。

　2頭はともに、年が明けて5歳を迎えたところでしたが、ロードヴァンドールは1週前に自身2番目の、ガンコは当週に自身3番目という高い「調教指数」を出していました。

　また、4着に敗れた⑧ミッキーロケットも好調教を見せていましたが、同馬の「調教指数」は、これまでの競走成績の中で7番目の値であり、特に目立つものではありませんでした。

　このように、出走馬がこれまでの競走成績で、何番目に高い「調教指数」を出したのかを把握することも役に立ちます。好走した2頭は良い調教ができており、他馬よりも良い仕上がりであったと判断できます。

調教で動ける馬は好走率が高い

着順	激走指数	激走印	馬名	性齢	斤量	騎手	人気	厩舎	馬体重
1着	50		パフォーマプロミス	牡6	54	Mデム	1人	藤原英	452(±0)
2着	54	特注	ロードヴァンドール	牡5	56	横山典	4人	昆	502(-2)
3着	51	激★	ガンコ	牡5	52	酒井	7人	松元	496(+2)

着順	枠番	馬番	馬名	タイム	着差	コーナー通過順位	上がり3F（順位）
1着	6枠	7番	パフォーマプロミス	2:26.3		③③④③	34秒4 ①
2着	2枠	2番	ロードヴァンドール	2:26.3	クビ	①①①①	34秒6 ②
3着	7枠	9番	ガンコ	2:26.5	1 1/4	②②②①	34秒8 ③

単勝	7	370 円	馬単	7 - 2	2,720 円
複勝	7	170 円	ワイド	2 - 7	660 円
	2	250 円		7 - 9	1,330 円
	9	380 円		2 - 9	1,580 円
枠連	2 - 6	760 円	3連複	2 - 7 - 9	9,240 円
馬連	2 - 7	1,680 円	3連単	7 - 2 - 9	37,240 円

CHAPTER : 2 「激走力」を構成する要素①「競走馬編」
調教の見方を知る

◇**調教内容を精査することが大切**

　調教には、考慮するべき事柄があります。代表的なものを取り上げますので、意識して調教欄を確認してみてください。「調教指数」は、これらを元に算出します。

・**坂路コース以外の調教内容は信頼しづらい**

　坂路コース以外の調教コースの時計は、競馬専門紙のトラックマン（記者）が手動で計測しています。各トラックマンが調教を見る角度によって、1秒前後の誤差が生じることもありますので、そのまま鵜呑みにすることはできません。

・**日時によって馬場状態に差がある**

　レース同様に、調教でも馬場状態を考慮する必要があります。降雨や降雪、凍結防止剤の散布、ウッドチップの入れ替え等があれば、時計が掛かる傾向があります。逆に、調教コースが開場してすぐや、ハロー掛け（整地作業）直後の馬場は、速い時計が出やすいのが特徴です。そのため、この時間に行われた調教を過信してはいけません。

競馬の POINT!　凍結防止剤とは？

　冬季に馬場の凍結を防ぐために散布される、塩化カルシウムなどのことです。

・**騎乗者の体重が違う**

　騎手と調教助手では、体重が10キロ以上違うこともあります。しかしながら、調教助手の体重は公表されておらず、補正が難しい面があります。よって、「騎手が騎乗した馬は時計が速くなりやすい」ことを考

慮します。また、調教助手の中には、騎手出身で体重が軽い方もいます。これは厩舎ごとの時計の出やすさにも影響してきます。

・当週の本追い切り以外の追い切りも重要

1週前に速い時計を出して、当週は軽めという調教パターンもあります。当週だけでなく、1週前、2週前の調教にも注目します。

・脚色（あしいろ）とコース取り

ゴール前の脚色（「一杯」「強め」「馬なり」など）、コース取り（内外どのあたりを走ったか）、併せ馬を行ったか、などを加味すれば、良い調教ができたのかどうかを、より判断することができます。

競馬の POINT! 脚色とは？

レースや調教における、騎乗者の追い加減を指す言葉です。「一杯」は、言葉通りに目一杯に追った調教だったことを意味します。「馬なり」は、馬の走る気にまかせ、追わない状態のことです。「強め」はその中間となります。通常、「一杯」に追う方が、負荷がかかる調教だと考えられ、「馬なり」は余力がある状態です。

2017年12月6日　阪神ジュベナイルフィリーズ（GⅠ）　優勝馬ラッキーライラック
CWコースで追い切り

CHAPTER : 2 「激走力」を構成する要素①「競走馬編」
調教コースの形状を知る

◇各調教コースの特性を知り、調教を理解する

　美浦(みほ)（茨城県）および栗東(りっとう)（滋賀県）のトレーニングセンター（以下：トレセン）にある調教コースは、内側からA、B、Cコースとなっており、アルファベットが後ろにいくほど、コースの外側に位置し、全長が長くなっていきます。

　本書では、ウッドチップ（木片）コースを「W」と、ニューポリトラック（ポリ塩化ビニルでできた電線被覆材や、ポリウレタンの繊維などの人工素材）コースを「P」と表記しています。

【美浦】

　美浦トレセンには、北と南に2つの調教馬場があります。調教コースの1文字目は、どちらの調教馬場であるかを示すものです。美浦の南Wコースは、栗東のCWコースよりも時計が出づらい傾向があります。

- 美浦 坂路…ウッドチップ。全長1200m、計測可能距離800m、幅員12m、高低差18m、上りの勾配は、270m〜400mが0.625％、そこから350mが3％、続く80mが4.688％、最後の100mが1.25％。
- 美浦 北障　（北・Aコース）芝1447m（障害練習専用）
- 美浦 北A　（北・Aコース）ダート1370m、幅員20m
- 美浦 北B　（北・Bコース）ダート1600m、幅員20m
- 美浦 北C　（北・Cコース）ダート1800m、幅員20m
- 美浦 南A　（南・Aコース）ダート1370m、幅員20m
- 美浦 南W　（南・Bコース）ウッドチップ1600m、幅員20m
- 美浦 南芝　（南・Cコース）芝1800m、幅員8〜10m
- 美浦 南P　（南・Cコース）ニューポリトラック1858m、幅員15m

- 美浦 南D（南・Dコース）ダート2000m、幅員20〜30m
- 美浦 プール…ウォータートレッドミル（水中ウォーキングマシン）を完備しています。

【栗東】

栗東トレセンの坂路コースは、美浦よりも角度がきつく、より負荷が掛かります。

- 栗東 坂路…ウッドチップ。全長1085m、計測可能距離800m、幅員7m、高低差32m、上りの勾配は、スタートから300mまでは2％、続く570mは3.5％、そこから100mは4.5％、最後の115mで1.25％。
- 栗東 A障（Aコース）芝1450m（障害練習専用）
- 栗東 Bダ（Bコース）ダート1600m、幅員20m
- 栗東 CW（Cコース）ウッドチップ1800m、幅員20m
- 栗東 D芝（Dコース）芝1950m、幅員18m
- 栗東 DP（Dコース）ニューポリトラック2038m、幅員10m
- 栗東 Eダ（Eコース）ダート2200m、幅員30m
- 栗東 プール

2017年10月18日　菊花賞馬キセキ　芝コースでの追い切り

CHAPTER : 2 「激走力」を構成する要素①「競走馬編」
調教コースごとの成績を知る

◇本追い切りのコースによって、好走率は異なる

　調教指数の根幹となるのは「調教コース」と「調教内容」の２点です。

競馬の POINT! 本追い切りとは？
　レース当週の月曜日からレース前日までの中間の調教を、馬場差の補正等を加え指数化。その中で最大の指数を出した調教を、本書では「本追い切り」と定義します。

①栗東の坂路コース
②栗東のCW（ウッドチップ）コース
③美浦の坂路コース
④美浦の南W（ウッドチップ）コース

　データを見ると、東（美浦）西（栗東）とも、坂路コースとウッドチップコースで本追い切りをした馬の、好走率が高いことがわかります。これらのコースでは、その他のコースよりも負荷が掛かる調教を行うことができます。そのため、①〜④の調教コースで調教ができていれば、順調であることを意味し、成績も上がっているのです。

　つまり、①②③④の調教コースで本追い切りを行っているかを確認するだけで、簡単に好走確率が高い馬を見つけられるというわけです。

　成績が良い①②③④以外のコースで本追い切りをした馬は、「なぜそのコースで調教を行わなかったのか？」「何か不安があるのか？」と考えて評価を下げるようにします。

本追い切りのコース好走率の違い

調教コース	総数	1着	2着	3着	着外
栗東 坂路	10,804	2,316	1,873	1,435	5,180
美浦 南W	7,347	1,668	1,237	976	3,466
栗東 CW	5,025	1,106	869	713	2,337
美浦 坂路	3,681	766	608	478	1,829
美浦 南P	696	127	117	83	369
栗東 DP	561	97	115	68	281
美浦 南D	468	80	62	65	261
美浦 北C	246	42	29	29	146
栗東 D芝	130	36	24	15	55
美浦 南芝	99	21	11	10	57
栗東 Bダ	98	20	14	11	53
栗東 Eダ	8	0	3	1	4

調教コース	勝率	連対率	3着内率	単勝回収値	複勝回収値
栗東 坂路	21.4%	38.8%	52.1%	79円	82円
美浦 南W	22.7%	39.5%	52.8%	81円	84円
栗東 CW	22.0%	39.3%	53.5%	79円	82円
美浦 坂路	20.8%	37.3%	50.3%	78円	81円
美浦 南P	18.3%	35.1%	47.0%	70円	78円
栗東 DP	17.3%	37.8%	49.9%	67円	81円
美浦 南D	17.1%	30.3%	44.2%	74円	76円
美浦 北C	17.1%	28.9%	40.7%	73円	68円
栗東 D芝	27.7%	46.2%	57.7%	98円	86円
美浦 南芝	21.2%	32.3%	42.4%	69円	66円
栗東 Bダ	20.4%	34.7%	45.9%	81円	80円
栗東 Eダ	0.0%	37.5%	50.0%	0円	98円

5件以上。4Fの中で一つでも計測不能の箇所があったデータは除外している。
いずれも、東京・中山・京都・阪神開催のみ。単勝1～3番人気のみ。
栗東と美浦以外の調教コース、障害戦を除く

栗東のD芝コースで本追い切りをした人気馬は、好走率が高いです。これは、藤原英昭厩舎や角居勝彦厩舎など、成績が上位の厩舎が、降雨の際に使用することが多いからだと捉えることができます。

CHAPTER : 2 「激走力」を構成する要素①「競走馬編」
調教も上がり時計が大切

◇栗東の坂路で、ラスト１Ｆの時計が速い馬に注目

次に、栗東の坂路コースのデータを例にして、どのような調教内容の馬を狙うべきかを見ていきます。

坂路コースのラスト１Ｆの時計は、速ければ速いほど好走率が高く、動いていない馬の好走率が低いことがわかります。

①速い時計で走る
②ラスト１Ｆまで失速せずに走り切る

この２点を同時に満たした調教を重視することがポイントです。馬場状態を加味し、調教内容を精査することで、さらに好走率が高い馬を発見することができます。

特に４Ｆの時計は、坂路コースが開場してすぐや、ハロー掛けした直後などに速くなりやすいため、調教した時刻も合わせて判断します。

「ラスト１Ｆの時計が速い馬は好走率が高い」という傾向は、ウッドチップコースの調教においても同じです。ただし、坂路コースのような自動計測ではなく「手動」で計測しているので、信用度が低めのデータです。

競馬の POINT! 上がり時計とは？

「上がり３Ｆの時計」と同様に、調教もラスト１Ｆの「上がり時計」が重要です。特に栗東の坂路コースでは、ラスト１Ｆで上りの傾斜角度がきつくなるので、上がり時計が速いことに価値があります。

栗東坂路コースの4Fのタイム別成績

4F	総数	1着	2着	3着	着外
51.0秒以下	179	42	33	16	88
51.1～52秒	684	139	112	92	341
52.1～53秒	1,649	384	282	207	776
53.1～54秒	2,605	573	483	335	1,214

4F	勝率	連対率	3着内率	単勝回収値	複勝回収値
51.0秒以下	23.5%	41.9%	50.8%	90円	89円
51.1～52秒	20.3%	36.7%	50.2%	73円	79円
52.1～53秒	23.3%	40.4%	52.9%	84円	83円
53.1～54秒	22.0%	40.5%	53.4%	78円	83円

栗東坂路コースのラスト1Fのタイム別成績

ラスト1F	総数	1着	2着	3着	着外
12.5秒以下	3,222	775	586	433	1,428
12.6～13.0秒	4,287	897	723	573	2,094
13.1～13.5秒	2,261	453	396	292	1,120
13.6秒以上	1,035	191	168	137	539

ラスト1F	勝率	連対率	3着内率	単勝回収値	複勝回収値
12.5秒以下	24.1%	42.2%	55.7%	84円	86円
12.6～13.0秒	20.9%	37.8%	51.2%	79円	82円
13.1～13.5秒	20.0%	37.6%	50.5%	74円	80円
13.6秒以上	18.5%	34.7%	47.9%	73円	77円

いずれも、東京・中山・京都・阪神開催のみ。単勝1～3番人気のみ。障害戦を除く本追い切りを対象とし、4Fの中で一つでも計測不能の箇所があったデータは除外している

ラスト1Fの時計は4Fの時計とは違って、速く走るほど好走率が高いです。栗東の坂路コースは、特にラスト1Fに注目するようにします。

CHAPTER : 2 「激走力」を構成する要素②「人的要素編」
厩舎ごとの調教の特徴をつかむ

◇厩舎ごとのパターンに合った調教かどうかを確認

　各馬の調教が、厩舎の「特徴」に合っているかを確認することも、大事な要素です。

・調教コース

　通常は坂路やウッドコースで調教している厩舎が、ダートコースやポリトラックコースで調教をしていたとします。負荷が軽い調教をしたということは、何か状態面に不安があるのではないかと推測することができます。
　また、気性に問題がある馬も、厩舎のパターンと異なった調教を行うことが多いです。

・調教内容

　各馬の個性とともに、厩舎ごとの調教内容に関する考え方も重視します。例を挙げると、堀宣行厩舎や藤沢和雄厩舎は、調教時計自体は速くなくても、それ以外の運動を十分に行っています。軽い調教でもしっかりと負荷が掛かっているため、問題はありません。

　また、森秀行厩舎のように、未勝利クラスの馬でも、坂路コースで非常に速い調教時計を出してくるケースもあります。これは、脚元に負担が掛かりにくい、馬場状態が良い時間に調教を行っているためです。このような厩舎は時計が速くなりやすいので、鵜呑みにはできません。

　基本的には、厩舎の調教パターンよりも動けていれば評価を上げます。その一方で、軽めであれば、何か事情があるのではないかと考えてみます。

2017年11月11日 京都7R 3歳以上1000万下 芝2200m 稍

単勝1.5倍の１番人気、⑤アドマイヤロブソンが支持に応えました。

同馬を管理する友道康夫厩舎は、主にＣウッドを本追い切りのコースとして使用します。坂路で本追い切りを行う際は、開場後や１回目のハロー掛け（整地）から、30分ほど経過した時間であることが特徴です。

アドマイヤロブソンの本追い切りは、以下のとおりでした。

11月８日　８時57分（ハロー掛けから約37分後）
栗東坂路　52.1-37.6-24.7-12.4（川田将雅騎手）

調教の時間帯は、友道厩舎のパターンです。それでいて、高い「調教指数」を出していました。また、１週前のＣウッドでの「調教指数」も高く、仕上がりの良さを感じさせる内容でした。人気馬が順当に勝利したレースですが、調教面からの裏付けもあったのです。

注：11月８日の栗東坂路コースは、７時に開場しています。８時から８時20分までの間にハロー掛けが行われました。

厩舎ごとの調教の特徴をつかむ

着順	激走指数	激走印	馬名	性齢	斤量	騎手	人気	厩舎	馬体重
1着	58	盤石	アドマイヤロブソン	牡3	55	川田	1人	友道	510(-2)
2着	57		ショパン	牡4	57	Mデム	2人	角居	466(-8)
3着	49	激★	エスティーム	牡3	55	シュタ	5人	金成	524(-2)

着順	枠番	馬番	馬名	タイム	着差	コーナー通過順位	上がり3F（順位）
1着	5枠	5番	アドマイヤロブソン	2:16.6		②②②②	34秒2 ①
2着	2枠	2番	ショパン	2:16.8	1 1/2	④④③③	34秒2 ①
3着	6枠	6番	エスティーム	2:17.4	3 1/2	③③③③	34秒9 ⑤

単勝	5	150円	馬単	5-2	200円
複勝	5	110円	ワイド	2-5	110円
	2	110円		5-6	320円
	6	180円		2-6	320円
枠連		発売なし	3連複	2-5-6	500円
馬連	2-5	130円	3連単	5-2-6	1,110円

CHAPTER : 2　「激走力」を構成する要素②「人的要素編」
外厩(がいきゅう)で調整された馬を狙う

◇現代競馬に不可欠な外厩データを重視する

　競走馬の調教が行われているのは、東西のトレセンだけではありません。意外とまだ知られていないのですが、競走馬はレースとレースの合間に放牧へ出ている間も調教が行われています。

◇外厩とは？

　「放牧」と聞けば、リラックスできる休養期間と思いがちですが、実際はしっかりと乗り込まれているケースがほとんどです。
　このような、厩舎から放牧に出た馬の飼養管理・調教・休養・リハビリなどを行っている育成牧場を、本書では通称として「外厩」と表します。

　ＪＲＡには、公営競馬のホッカイドウ競馬や南関東競馬のような認定厩舎（外厩）という制度はありません。

　認定厩舎からは、厩舎を経由することなく、直接競馬場に向かってレースに出走することが可能です。
　一方で、ＪＲＡでは、10日間（ＪＲＡの競走に出走したことがない馬は15日間）ＪＲＡが管理する厩舎に入厩していなければ、出走することができません。

　この「外厩」こそが、近年の競馬において最も重要な要素で、「激走力」を生み出す存在です。データの分類では「一時データ」に属しますが、騎手や厩舎と同等以上に着目すべきです。
　私が所属するＪＲＤＢでは、2008年からこの外厩データに着目し、

データの収集・分析を行ってきました。外厩データを元に、好走パターンや凡走パターンを分析し、各種の指数を作成しています。

2018年1月8日 京都11R シンザン記念（GⅢ）芝1600m 稍

　③アーモンドアイが大外から鋭く伸び、ジェンティルドンナ以来の牝馬によるシンザン記念制覇となりました。戸崎圭太騎手、馬主の有限会社シルクレーシングが、3日連続で重賞を勝利したレースとしても話題を集めました。

　そして、記録を達成したのは「外厩」も同様です。中山金杯（GⅢ・中山芝2000m）のセダブリランテス（中8週）、フェアリーS（GⅢ・中山芝1600m）のプリモシーン（中12週）、そしてアーモンドアイ（中12週）は、いずれもノーザンファーム天栄（福島県）で中間の調整が行われていました。

　3頭とも前走からレースの間隔が空いています。この間に、トレセン外でリフレッシュしながら、しっかりと鍛（きた）えられているのです。一部の外厩に関しては、「休み明けはむしろプラスに働く」と考えるべき時代を迎えています。

外厩で調整された馬を狙う

着順	激走指数	激走印	馬名	性齢	斤量	騎手	人気	厩舎	馬体重
1着	51		アーモンドアイ	牝3	54	戸崎	1人	国枝	464(-2)
2着	49		ツヅミモン	牝3	54	秋山	7人	藤岡	540(±0)
3着	55	激★	カシアス	牡3	57	浜中	4人	清水久	482(+2)

着順	枠番	馬番	馬名	タイム	着差	コーナー通過順位	上がり3F（順位）
1着	3枠	3番	アーモンドアイ	1:37.1		⑩⑨⑨	34秒4 ①
2着	6枠	7番	ツヅミモン	1:37.4	1 3/4	②②②	35秒5 ④
3着	8枠	11番	カシアス	1:37.4	クビ	①①①	35秒6 ⑤

単勝	3	290円	馬単	3 - 7	3,100円
複勝	3	150円		3 - 7	980円
	7	330円	ワイド	3 - 11	630円
	11	210円		7 - 11	1,650円
枠連	3 - 6	1,680円	3連複	3 - 7 - 11	6,980円
馬連	3 - 7	2,620円	3連単	3 - 7 - 11	26,730円

CHAPTER : 2

「激走力」を構成する要素②「人的要素編」

外厩を重視する条件 —新馬戦—

◇新馬戦は外厩で予想する

　従来は、「生産者」「血統」「馬主」「厩舎」「調教」「厩舎関係者のコメント」「馬体重」などしかなかった新馬戦の予想方法ですが、現在では大きく変わりました。

　ほぼすべての馬が、外厩で鍛えられてからトレセンに入ってくるため、新馬戦は外厩－厩舎間の育成力の差がハッキリと出るレースです。「新馬戦は外厩で馬券を買う」、これを知らずに予想はできません。

　競走馬は通常、以下のような過程を経て新馬戦を迎えます。
①主に北海道で生まれて馴致（じゅんち）が行われる
②生産地に近い育成牧場でトレーニングを積む
③東西のトレセンに近い外厩でさらに鍛える
④東西のトレセンに入厩する

外厩の予想では②と③に注目します

◇新馬戦で注目する外厩

　ノーザンファーム系、および社台ファーム系の外厩の好走率が高いです。それ以外に新馬戦で注目しておきたいのが、優秀な成績を収めている吉澤ステーブルWEST（滋賀県）。2017年マイルCSのペルシアンナイトなど、数多くのGI馬を調整、あるいは育成した、関西を代表する外厩のひとつです。

　他にも、遠野馬の里（岩手県）が芝1600m以上、ミッドウェイファーム（茨城県）がダート1400～1600m、宇治田原優駿ステーブル（京都府）は芝1200～1400mの新馬戦で好成績を残しています。キタサンブラックは芝1800mの新馬戦を勝った時を含め、宇治田原優駿ステーブルで調整を行って偉大な功績を残しました。

2017年11月12日 京都5R 新馬 芝1800m 良

例年、素質馬や良血馬が揃うエリザベス女王杯当日の新馬戦。栗東トレセンに入厩する前にノーザンファームしがらきで調整された④シーリア（日・米オークス馬シーザリオの娘）や⑨ポートフィリップも出走し、ともに「激走指数」は50ポイント以上ありました。

しかし、3馬身半の差を付けて快勝したのは、吉澤ステーブルWESTで調整された②ダノンフォーチュンでした。同馬の激走指数は、上記2頭のさらに上をいく55ポイント（1番手）で、「特注」の激走馬に該当していたのです。

ダノンフォーチュンは、3コーナーの坂の下りで外側から進出し、直線では前を行く各馬を一気に差し切りました。ダイナミックなストライドから上がり3Fで最速の時計を出し、これからの活躍が楽しみになるレース内容でした。

新馬戦はもちろん、重賞に至るまで、吉澤ステーブルWESTの育成馬は優れた好走率を誇ります。ノーザンF・社台F系の外厩以外にも目を配るようにしましょう。

外厩を重視する条件 －新馬戦－

着順	激走指数	激走印	馬名	性齢	斤量	騎手	人気	厩舎	馬体重
1着	55	特注	ダノンフォーチュン	牡2	55	浜中	1人	大久保	506 初
2着	52		シーリア	牝2	54	Cデム	2人	角居	456 初
3着	53		レッドルーク	牡2	55	四位	5人	昆	488 初

着順	枠番	馬番	馬名	タイム	着差	コーナー通過順位	上がり3F（順位）
1着	2枠	2番	ダノンフォーチュン	1:51.0		⑧⑦⑥	34秒9 ①
2着	4枠	4番	シーリア	1:51.3	3 1/2	⑤④③	35秒6 ④
3着	6枠	7番	レッドルーク	1:51.3	クビ	⑨⑨⑧	35秒3 ②

単勝	2	200 円
複勝	2	110 円
	4	120 円
	7	190 円
枠連	2-4	280 円
馬連	2-4	280 円

馬単	2-4	490 円
ワイド	2-4	170 円
	2-7	360 円
	4-7	490 円
3連複	2-4-7	850 円
3連単	2-4-7	2,310 円

CHAPTER : 2 「激走力」を構成する要素②「人的要素編」
外厩を重視する条件 —GⅠレース—

◇重賞、特にGⅠレースこそ、外厩を重視する

「外厩」は、GⅠレースでも威力を発揮します。2017年のGⅠレースを振り返ってみましょう。フェブラリーSのゴールドリームを皮切りに、障害GⅠを除く24レース中12レースで、外厩から帰厩して初戦の馬が勝ちました。

> **競馬のPOINT!** 帰厩して初戦（何走目）とは？
> 外厩からトレセンへ最後に帰ってきてから、今回が何走目にあたるかということを意味します。

帰厩して2走目（叩き2走目）の馬が勝ったのは、アルアインの皐月賞など計7レース。帰厩して3走以上していたのは、キタサンブラックが勝利した有馬記念など、わずか5レースでした。24分の19を占めるのですから、GⅠレースにおいて帰厩して2走目以内という状況が有利か、おわかりいただけることでしょう。

また、GⅠレースだけでなく重賞まで範囲を広げてみても、2017年は障害戦を除く128レース中79レースを、外厩から帰厩して初戦の馬が制しています。帰厩2走目は31勝なので、約86％にあたる110レースで、帰厩2走目までの馬が勝っています。

この間、重賞における帰厩2走目までの馬は、出走馬の76％でした。中間にトレセンで調整されていた馬よりも、外厩から帰ってきて初戦、あるいは2戦目の馬の方が、重賞で勝っているのです。

成績が良くなっているというよりも、「外厩で中間の調整がされていない馬だと厳しい」と言えるでしょう。重賞、特にGⅠレースにおいては、外厩の存在が競走結果に大きな影響を及ぼしていることがおわかりいただけると思います。

2017年12月3日 中京11R チャンピオンズC（GI）ダート1800m 良

　フェブラリーSとチャンピオンズCのJRAのダートGIレースを連勝し、2017年の最優秀ダートホースに輝いた⑨ゴールドドリーム。両GI制覇は、ともにノーザンファームしがらきからの帰厩初戦でした。

　ノーザンファームしがらきから帰厩初戦時のゴールドドリームは、6戦して5勝2着1回と全く崩れていません（17年チャンピオンズCまでの、JRAのレースのみ）。もちろん、R・ムーア騎手の騎乗も素晴らしく、「外厩×厩舎の相性の良さ」との相乗効果で生まれた激走だったと言えます。

　ダート戦では、トレセンに滞在して調教している馬も好走しています。これまでの傾向はそうでしたが、GIを連勝する馬が出てきたように、今後はダート界でも、一部の外厩で流れが変わると考えています。

外厩を重視する条件 －GIレース－

着順	激走指数	激走印	馬名	性齢	斤量	騎手	人気	厩舎	馬体重
1着	52	激★	ゴールドドリーム	牡4	57	ムーア	8人	平田	538(+14)
2着	53	激★	テイエムジンソク	牡5	57	古川	1人	木原	496(+4)
3着	47		コパノリッキー	牡7	57	田辺	9人	村山	546(+9)

着順	枠番	馬番	馬名	タイム	着差	コーナー通過順位	上がり3F（順位）
1着	5枠	9番	ゴールドドリーム	1:50.1		⑨⑩⑪⑪	35秒2 ②
2着	7枠	13番	テイエムジンソク	1:50.1	クビ	②②②②	36秒1 ⑦
3着	1枠	1番	コパノリッキー	1:50.2	クビ	①①①①	36秒3 ⑬

単勝	9	1,300円
複勝	9	500円
	13	230円
	1	560円
枠連	5 - 7	1,570円
馬連	9 - 13	4,140円

馬単	9 - 13	9,400円
ワイド	9 - 13	1,830円
	1 - 9	4,060円
	1 - 13	2,380円
3連複	1 - 9 - 13	27,350円
3連単	9 - 13 - 1	158,490円

CHAPTER : 2 「激走力」を構成する要素②「人的要素編」

外厩×厩舎の相性

◇外厩と厩舎との相性、好走するときの傾向を知る

　外厩情報は、競馬専門紙やスポーツ新聞には記載されておらず、一般の競馬ファンは知ることができません。
　しかし、そのデータを得て活用することができれば、非常に役立つ存在です。

　それでは、成績が良い「外厩と厩舎」のデータを見てみましょう。

・ノーザンファームしがらき×堀宣行厩舎の成績
　2015年の二冠馬ドゥラメンテや、国内外でGIレースを制したモーリス、サトノクラウンなど、数多くの名馬を手がけた堀宣行厩舎。ノーザンファーム系の関西馬が、調整の拠点にしているノーザンファームしがらき（滋賀県）と好相性を見せていました。美浦から近いノーザンファーム天栄ではなく、ノーザンファームしがらきを利用するのが特徴です。

　2017年に、ネオリアリズムが中山記念（GⅡ・中山芝1800m）を、サトノクラウンが宝塚記念（GI・阪神芝2200m）を制した際は、ともに、ノーザンファームしがらきからの帰厩初戦でした。条件戦はもちろん、重賞レースにおいても、実績を残している組み合わせです。

　注目したいのは、「ノーザンファームしがらき×堀厩舎」が好走する際の傾向です。馬券圏内に来る場合は1着が多く、2、3着になる確率は低くなります。そのため、相手に押さえるのではなく、単勝や馬単、3連単の1着に固定することをおすすめします。

・アップヒル（吉澤ステーブルWEST内）×南井克巳厩舎の成績

　外厩と結びつきが強いのは、リーディング上位の厩舎に限った話ではありません。

　代表例は、2017年に開業以来最高の28勝を挙げた南井厩舎。そのうち12勝が、吉澤ステーブルWESTの施設内にある、アップヒルからの帰厩初戦の馬でのものでした。南井厩舎の勝率を向上させた、相性が抜群の組み合わせです。

　外厩を馬券に活かすには、「ノーザンファームしがらき×堀厩舎」、「アップヒル×南井厩舎」といった、相性が良い外厩と厩舎の組み合わせを知ることが大切です。

　ただし、外厩データは、変化が激しい「一時データ」ですので、頻繁にデータを見直す必要があります。

　また、外厩から帰厩した初戦だけではなく、「帰厩2走目」、「帰厩3走目」の成績にも注目することが重要です。これによって、厩舎の好走パターンを把握することができます。

　美浦の藤沢和雄厩舎や手塚貴久厩舎は、トレセンへ帰厩した初戦から良い仕上がりでレースに臨むので、いきなり好走が期待できます。

　一方で、栗東の高橋義忠厩舎や大久保龍志厩舎のように、「帰厩2走目」、「帰厩3走目」に成績を上げる厩舎もあります。この場合は、帰厩して2戦目以降のレースで狙いを立てられます。

　「相性が良い外厩×厩舎の組み合わせ」は、巻末データにまとめています。ぜひ参考にしてみてください。

CHAPTER : 2 「激走力」を構成する要素②「人的要素編」
日本ダービーも外厩決着

◇大レースでも外厩帰りの馬が結果を残している

　2017年のダービーは、外厩データの実証となりました。競馬サークルにおける最高峰のレースにおいて1、2着となった2頭に共通していたのは、皐月賞後にノーザンファーム系の外厩で調整されていたことです。

　皐月賞から日本ダービーは中5週。それほど長い間隔は空いていないのですが、この間に短期放牧に出ていたのです。
　優勝馬のレイデオロ（美浦・藤沢和雄厩舎）は、休み明けだった皐月賞の後、ノーザンファーム系の関東馬の育成拠点である、ノーザンファーム天栄へ移動。外厩で調整して、本番のダービーへという調整過程でした。
　そして、2着馬のスワーヴリチャード（栗東・庄野靖志厩舎）は皐月賞6着後、4月20日にノーザンファームしがらきに放牧に出て、12日後の5月2日に庄野厩舎へと帰厩していました。外厩での滞在は少しの間ですが、この間にしっかりと負荷をかけられたと考えられ、ダービー当日の馬体重は皐月賞から－12キロ。体もびっしり仕上がっていました。

　一方、皐月賞で上位に入着した池江泰寿厩舎の2頭、アルアインとペルシアンナイトは、皐月賞後に外厩へ出ていませんでした。日本ダービーという大レースにおいて、負けた人気馬が該当していなかった一方で、1、2着馬は該当していたということが、現代競馬における外厩の実情と存在感を物語っています。
　大レースでも外厩帰りの馬が結果を残しているという傾向からも、今後もますます、外厩の影響力が強くなっていくことが予測されます。

2017年日本ダービー時の連対馬の放牧先

1着レイデオロ…ノーザンファーム天栄
2着スワーヴリチャード…ノーザンファームしがらき

1、2着馬とも外厩帰り初戦

日本ダービーも外厩決着

着順	激走指数	激走印	馬名	性齢	斤量	騎手	人気	厩舎	馬体重
1着	-	-	レイデオロ	牡3	57	ルメー	2人	藤沢和	480(-4)
2着	-	-	スワーヴリチャード	牡3	57	四位	3人	庄野	492(-12)
3着	-	-	アドミラブル	牡3	57	Mデム	1人	音無	514(+4)

着順	枠番	馬番	馬名	タイム	着差	コーナー通過順位	上がり3F（順位）
1着	6枠	12番	レイデオロ	2:26.9		⑬⑭②②	33秒8 ⑧
2着	2枠	4番	スワーヴリチャード	2:27.0	3/4	⑦⑦⑦⑤	33秒5 ③
3着	8枠	18番	アドミラブル	2:27.2	1 1/4	⑮⑰⑬⑫	33秒3 ①

単勝	12	530 円
複勝	12	180 円
	4	200 円
	18	150 円
枠連	2-6	1,180 円
馬連	4-12	1,620 円

馬単	12-4	2,860 円
ワイド	4-12	650 円
	12-18	470 円
	4-18	490 円
3連複	4-12-18	2,220 円
3連単	12-4-18	11,870 円

「馬トク」サイトが公開される以前のレースなので、「激走指数」「激走印」はありません

CHAPTER : 2　「激走力」を構成する要素②「人的要素編」

生産者ごとの特徴を踏まえる

◇生産者の「得意」「不得意」を押さえる

　日本で最も「名門」と称される生産者は、ノーザンファーム。現代競馬においては絶対王者と呼べる存在で、17年はJRAで行われた24の平地GIレースのうち11勝も挙げました。

　ノーザンファームの生産馬は、芝の1800m以上の距離で、勝率13.3％と無類の強さを誇ります。しかし、芝の1400m以下では勝率10.1％、ダート戦では勝率9.5％と、少し成績が下がっています。

　デビューの時期を工夫することで、他と差別化している生産者もあります。ミルファームや「マイネル軍団」と呼ばれるビッグレッドファームは、2歳6月に新馬戦が始まってすぐの時期に、勝ち星を多く挙げるのが特徴です。

　このように、「生産者ごとの特徴」を押さえておくと、馬券で狙いを立てることができます。

◇ダート戦で勝率が高い生産者を狙う

　一部のオーナーブリーダー（馬主と牧場経営の両方をしている主に個人）は、ダート路線で強さを見せています。「ダートの下級条件」や「芝→ダート替わり」では、これらの生産者を積極的に狙います。

ダート戦で強さを見せる北海道の生産者

新冠タガノファーム（10.9％）…冠名「タガノ」…新冠町
ダーレー・ジャパン・ファーム（10.0％）…日高町
栄進牧場（9.6％）…冠名「エイシン（エーシン）」…浦河町
（）内はダート戦の勝率

2017年9月23日 阪神5R 2歳新馬 芝1200m 良

　単勝2番人気の④トンボイが勝利。栗東の坂路コースでの「52.4-38.0-24.6-12.3」の本追い切りは、馬場状態や騎乗者、調教時間などの要素を考慮しても優秀でした。

　一方、1番人気で3着に敗れたのは③メジャーレート。栗東の坂路コースで行われた本追い切りは、「56.5-41.1-26.6-12.9」というものでした。各要素で補正を掛けても、物足りなさを感じる内容です。

　ノーザンファーム生産で、一口クラブのシルクレーシングの馬であることから、人気になり過ぎた感があります。

　このように、ノーザンファームの生産馬は、芝・ダートを問わず全ての距離でブランド力が強く、人気を集めます。ですから、「ノーザンファーム生産の人気馬が、勝ち切れない可能性はあるか？」を見極めることが、的中への近道となります。

生産者ごとの特徴を踏まえる

着順	激走指数	激走印	馬名	性齢	斤量	騎手	人気	厩舎	馬体重
1着	52		トンボイ	牝2	54	酒井	2人	西園	422 初
2着	52	激★	アリイタヤス	牡2	54	松山	5人	池添兼	480 初
3着	52		メジャーレート	牡2	54	川田	1人	斉藤崇	438 初

着順	枠番	馬番	馬名	タイム	着差	コーナー通過順位	上がり3F（順位）
1着	4枠	4番	トンボイ	1:10.9		①①	34秒1 ①
2着	1枠	1番	アリイタヤス	1:11.3	2 1/2	③⑤	34秒2 ②
3着	3枠	3番	メジャーレート	1:11.4	クビ	③⑤	34秒3 ④

単勝	4	340円	馬単	4-1	2,320円
複勝	4	110円	ワイド	1-4	410円
	1	180円		3-4	180円
	3	110円		1-3	400円
枠連	1-4	1,880円	3連複	1-3-4	960円
馬連	1-4	1,560円	3連単	4-1-3	6,170円

CHAPTER : 2 「激走力」を構成する要素②「人的要素編」

厩舎の狙い方を知る

◇「厩舎が得意な条件」に注目

　「外厩」以外にも、厩舎を上手く馬券に活かすポイントが３つあります。

①厩舎リーディングでおよそ15〜30位の厩舎を狙う

　リーディング上位の厩舎には、優れた血統の馬が集まっています。そのため、重賞で好走するケースも多いです。

　ただし、これらの厩舎はどうしても人気になってしまうため、リーディングでおよそ15〜30位の厩舎を狙います。東西には約190の厩舎があるので、およそ15〜30位といっても、かなり上位の厩舎と言えます。これらの厩舎は過剰に人気することがなく、好走率も高いので馬券的には注目です。

②厩舎が得意な条件を把握する

　サウンドトゥルー（2016年チャンピオンズC・GIなど）で知られる高木登厩舎は、ダート戦で実績を残しています。2017年のJRAで挙げた30勝のうち、じつに24勝をダート戦で挙げました。
　このように、厩舎の特色を押さえることで、厩舎ごとの狙い方がわかってきます。

③厩舎の調子（勢い）を考慮する

　2017年の木村哲也厩舎は、成績に大きな波がありました。競走馬や騎手同様に、厩舎の調子も考慮すべき要素です。厩舎の調子を「短期」「中期」「長期」の期間設定で比較し、「調子が良いときに買う」ようにします。

2017年木村哲也厩舎の月別成績の履歴

月	総数	1着	2着	3着	着外
1月	15	1	2	1	11
2月	16	2	2	2	10
3月	16	1	1	1	13
4月	17	0	0	4	13
5月	16	1	3	2	10
6月	19	2	3	0	14
7月	16	7	0	2	7
8月	20	4	3	1	12
9月	20	3	4	2	11
10月	15	4	3	2	6
11月	21	4	1	3	13
12月	18	4	4	1	9

月	勝率	連対率	3着内率	単勝回収値	複勝回収値
1月	6.7%	20.0%	26.7%	14円	44円
2月	12.5%	25.0%	37.5%	60円	62円
3月	6.3%	12.5%	18.8%	21円	24円
4月	0.0%	0.0%	23.5%	0円	41円
5月	6.3%	25.0%	37.5%	22円	74円
6月	10.5%	26.3%	26.3%	30円	64円
7月	43.8%	43.8%	56.3%	244円	110円
8月	20.0%	35.0%	40.0%	162円	107円
9月	15.0%	35.0%	45.0%	53円	66円
10月	26.7%	46.7%	60.0%	58円	118円
11月	19.0%	23.8%	38.1%	44円	62円
12月	22.2%	44.4%	50.0%	52円	73円

厩舎に好不調の波が生まれるのは、勝ち上がった馬が昇級し、上のクラスで苦戦することも一因です。木村哲也厩舎は、2016年の10月に7勝を挙げたことで、2017年の初めは勝利数が伸び悩んでいました。しかし、夏以降は巻き返し、しっかりと勝ち星を挙げました。

CHAPTER : 2 「激走力」を構成する要素② 「人的要素編」

巧い騎手への乗り替わり

◇「あまり目立たない乗り替わり」が面白い

　騎手で意識したいのは、「巧い騎手」への乗り替わりを狙うことです。エージェント（騎乗依頼仲介者）の力量によって騎乗馬の質に差が生まれやすく、成績も大きく左右されます。「勝利数」や「勝率」だけを比較していたのでは、「騎手の実力」がわかりにくくなっているのが、現代の競馬です。

　本書では、それらのことを踏まえた上で、騎手の実力を５つのグループに分けて考察していきます。

※本書の注目

騎乗技術		
高い	①数人のトップ騎手	
↑	②騎乗数に恵まれ、勝利数が安定している騎手	●
	③騎乗数、勝利数とも平均的な騎手	●
↓	④騎乗数が少なく、二桁人気の馬がほとんどの騎手	○ ○
低い	⑤騎乗数、馬の質とも恵まれない騎手	

本書が注目する好結果が出やすい乗り替わり。数字が上がる毎に激走しやすい

　上位のグループに乗り替わった際は、前走時よりも期待が持てます。
　その中で本書では、④→②や④→③などの、「あまり目立たない乗り替わり」に注目します。②→①のケースと同様に、騎手の技量が上がっているにもかかわらず、「人気＝オッズ」には反映されにくいのです。このような、上位グループの騎手への乗り替わりはプラスに考えて、予想に組み込みます。
　もちろん、「騎手と馬との相性」は存在します。初騎乗の上位騎手よりも、その馬に乗り慣れた中堅騎手の方が良いというケースも多々あるので、そのあたりも考慮します。

2017年12月10日 中山2R 2歳未勝利 ダート1800m 良

　2歳の未勝利戦で、単勝1.5倍のオッズに支持された①フレッシビレが勝ったレースです。同馬はデビュー2戦目で、松岡正海騎手とのコンビで3着と好走。3戦目では、村田一誠騎手に乗り替わって4着。そして今回は、三浦皇成騎手を鞍上に迎えていました。

・松岡騎手…35勝、勝率6％、3着内率19％
・村田騎手…4勝、勝率3.3％、3着内率11.5％
・三浦騎手…21勝、勝率7.8％、3着内率26.1％
（集計は2017年1月1日～レース前日の12月9日まで）

　3戦目で4着に敗れた村田騎手は、「騎乗数は少なめで、二桁人気の馬がほとんどの騎手」です。そして、今回の三浦騎手は、長期休業があったため勝数こそ少ないものの、「騎乗数に恵まれ、勝利数が安定している騎手」となります。これは、④→②に該当する乗り替わりでした。

巧い騎手への乗り替わり

着順	激走指数	激走印	馬名	性齢	斤量	騎手	人気	厩舎	馬体重
1着	57	盤石	フレッシビレ	牝2	54	三　浦	1人	藤原辰	490(-2)
2着	49		イセベル	牝2	51	木幡育	5人	大江原	444(-6)
3着	42		フジノシャイン	牝2	51	武　藤	8人	和田雄	468(-6)

着順	枠番	馬番	馬名	タイム	着差	コーナー通過順位	上がり3F（順位）
1着	1枠	1番	フレッシビレ	1:58.5		①①①①	40秒3 ③
2着	4枠	5番	イセベル	1:58.8	1 3/4	②②②②	40秒4 ④
3着	7枠	11番	フジノシャイン	1:59.4	3 1/2	⑪⑪⑫⑧	40秒2 ②

単勝	1	150円
複勝	1	110円
	5	290円
	11	550円
枠連	1 - 4	930円
馬連	1 - 5	950円

馬単	1 - 5	1,250円
ワイド	1 - 5	410円
	1 - 11	880円
	5 - 11	4,980円
3連複	1 - 5 - 11	10,020円
3連単	1 - 5 - 11	27,710円

「激走力」

CHAPTER : 2　「激走力」を構成する要素②「人的要素編」

大レースでは外国出身の騎手を狙う

◇重賞、特にGIレースでは、外国出身の騎手

重賞やGIレースにおける、外国出身の騎手の台頭。「外国出身の騎手から買って当てる」ことは、現代の競馬の常識です。

2017年のJRAのGIレースでは、障害戦を除く24レースのうち、M・デムーロ騎手が6勝、C・ルメール騎手が4勝という大活躍。

この年、M・デムーロ騎手は、GIレースで10戦連続して3着以内に入る快進撃でした。また、2017年のJRAで199勝を挙げて最多勝利騎手となったC・ルメール騎手は、レイデオロでダービーを制覇。大舞台でしっかりと結果を残す技術と度胸に脱帽です。

◇「一時データ」のなかでも、特に優先度が高い

騎手の成績は、競走馬と同様に、体調やケガ、加齢などによって、毎年変動します。そのため、データ上は「一時データ」に分類します。

しかし、2015年にJRA所属の騎手となってからは、両騎手とも重賞で3年連続して3着内率が40％以上という、安定した成績を収めています。「重賞における外国出身の騎手」は、「一時データ」の中でも、特に重視しなればいけない予想材料になってきました。

私たちは今後も、外国出身の騎手が重賞を勝つシーンを、何度も見ることになるでしょう。

重賞、特にGIレースでは、外国出身の騎手が騎乗する馬を、しっかりと頭に入れておくことが大切です。ただし、「騎手だけで人気になっている激走力が低い馬」には気をつけてください。

2017年12月24日 中山11R 有馬記念（GⅠ）中山芝2500m 良

　外国出身の騎手の活躍が際立った、2017年のGⅠレース。その象徴となった有馬記念では、勝ち馬キタサンブラックの武豊騎手を除いて、4着までを5人いた外国出身の騎手が占めました。

　特に目を引いたのが、C・ルメール騎手の③クイーンズリングが2着に好走したことです。同馬は2016年のエリザベス女王杯を制した後、5戦続けて3着を外していました。GⅠ馬とはいえ、有馬記念では厳しいだろうという競馬ファンの評価を、良い意味で裏切る激走でした。

　この好走は、「内枠」と「Sペース」になったことが大きな要因でした。それでも、他の騎手でも同様に好走できたとは言い切れないのが、今の日本競馬界の現状です。

　2017年の日本ダービーでは、ペースが遅いとみるや、早めに動いて外から進出する好騎乗。そして、ディアドラに騎乗した同年の秋華賞でも、4コーナーでこれ以上ない立ち回りをしていました。

　外国出身の騎手との技術力、判断力の差が、現状では大きくなっています。

大レースでは外国出身の騎手を狙う

着順	激走指数	激走印	馬名	性齢	斤量	騎手	人気	厩舎	馬体重
1着	56	特注	キタサンブラック	牡5	57	武豊	1人	清水久	540(-2)
2着	52	特注	クイーンズリング	牝5	55	ルメー	8人	吉村	474(±0)
3着	54		シュヴァルグラン	牡5	57	ボウマ	3人	友道	474(+4)

着順	枠番	馬番	馬名	タイム	着差	コーナー通過順位	上がり3F（順位）
1着	1枠	2番	キタサンブラック	2:33.6		①①①①	35秒2 ⑧
2着	2枠	3番	クイーンズリング	2:33.8	1 1/2	④⑤⑤③	35秒1 ⑥
3着	5枠	10番	シュヴァルグラン	2:33.8	ハナ	⑧⑧⑧⑧	34秒8 ④

単勝	2		190円	馬単	2-3	3,810円
複勝	2		120円	ワイド	2-3	1,180円
	3		550円		2-10	280円
	10		180円		3-10	2,760円
枠連	1-2		1,600円	3連複	2-3-10	5,420円
馬連	2-3		3,170円	3連単	2-3-10	25,040円

CHAPTER : 2　「激走力」を構成する要素③「外的要素編」

枠順の基本を守る

◇枠順（「絶対データ」）を重視する

　競走馬の「能力的な視点」や、騎手や厩舎などの「人的な要因」に加えて考慮しなければならないのが、競馬の「外的要素」（＝構造的要素）です。

　競馬の「外的要素」とは、「能力的な視点」や「人的な要因」以外に競馬の結果を左右するものです。

◇常に枠順の重要性を考える

　近年すっかり定着した、有馬記念の枠順公開抽選会。2017年は、Twitter(ツイッター)を見ていると、普段枠順の話をしない人たちも、「またキタサンブラックが1枠を引いた」「スワーヴリチャードは外枠だから厳しいかも」と大変な盛り上がりを見せていました。やはり大レースでは、枠順への関心も高くなります。
　しかし有馬記念は、年間3,000以上あるレースの1つに過ぎません。ぜひ、全てのレースで、枠順を考慮してみてください。枠順は、レースの結果に大きな影響を与える「絶対データ」です。

　オッズを形成する情報専門紙の記者は、基本的に枠順が確定する前に予想を行っています。枠順が結果を左右するコースでは、「枠順の有利・不利」を覚えるだけで、配当的に妙味がある馬券を取ることができるのです。
　「枠順による有利・不利」は、競馬の基本です。102ページからは、「枠順が重要なコース」「枠順についての大切な考え方」について説明します。

CHAPTER : 2 「激走力」を構成する要素③「外的要素編」

内枠が有利なコースの内枠 京都芝1200m

◇内枠が有利なコースを知る

内枠が有利なコースでは、内枠の馬の評価を上げます。

枠順によって競走成績に大きな偏りが生じる代表例は、京都芝1200mです。スタート地点から3コーナーまでの距離が短く、外枠であるほどコースロスが大きくなります。それに加えて、「3～4角が下り坂」で「直線は平坦」というコース形態が影響し、内枠と先行馬に有利です。

1～3番人気の集計でみると、1枠2枠の勝率が30％に迫っているのに対して、8枠は10％を切っています。7枠が健闘しているとはいえ、「内枠が有利」「8枠が不利」だという傾向は明らかです。これほど偏りが出ていると、もはや馬の能力ではなく、枠順抽選時に着順が決定していると言ってよいでしょう。

◇馬場の更新作業が行われても傾向は変わらない

近年、エアレーションやシャタリング等の馬場の更新作業によって、京都の芝はずいぶんと「軟らかく」作られている印象を受けます。

> **競馬の POINT! エアレーションとは？**
> バーチドレンという機械を使って「馬場に穴を開ける」作業。

> **競馬の POINT! シャタリングとは？**
> 芝に切れ目を入れて、馬場のクッション性を高める作業。

しかし、エアレーションなど、馬場の更新作業が行われても、枠順の傾向自体は大きく変わっていません。今後も、内枠の有利が続くとみます。京都の芝1200mでは、多少能力面で劣っていたとしても、内枠と先行馬を重視して馬券を組み立てることが大切です。

京都芝1200mの枠番別成績

枠番	総数	1着	2着	3着	着外
1枠	57	17	13	4	23
2枠	55	15	7	5	28
3枠	51	10	9	4	28
4枠	45	10	7	3	25
5枠	56	6	14	4	32
6枠	44	6	7	7	24
7枠	65	17	11	4	33
8枠	56	5	4	7	40

枠番	勝率	連対率	3着内率	単勝回収値	複勝回収値
1枠	29.8%	52.6%	59.6%	141円	112円
2枠	27.3%	40.0%	49.1%	104円	82円
3枠	19.6%	37.3%	45.1%	68円	66円
4枠	22.2%	37.8%	44.4%	85円	75円
5枠	10.7%	35.7%	42.9%	58円	76円
6枠	13.6%	29.5%	45.5%	32円	74円
7枠	26.2%	43.1%	49.2%	93円	80円
8枠	8.9%	16.1%	28.6%	32円	59円

単勝1〜3番人気のみ

明らかに内枠が有利な傾向が見てとれます。1枠は約60%と、3着内率が非常に高いです。1枠と8枠を比較してみると、その差は約30%。同じ人気馬といっても信頼度がまるで違います。

2018年に京都芝1200mで行われる主なレース

シルクロードS（GⅢ）
葵S（重賞）
京阪杯（GⅢ）

CHAPTER : 2 「激走力」を構成する要素③「外的要素編」
内枠が有利なコースの内枠 東京芝1400m

◇**直線が長いコースでも、内枠が有利**

　京都芝1200mほど極端ではないものの、内枠が有利なコースが東京芝1400mです。これは、スタートから3コーナーまでの距離が東京競馬場にしては短く、スタート直後に上り坂があることで、先行争いが激しくならないというコース形態によるものです。

　また、直線の長さも影響していると感じます。長い直線での勝負を騎手が意識し過ぎると、勝負所の仕掛けも遅くなります。結果として、Sペースで瞬発力を競うレースが多くなり、内側をロスなく立ち回った馬が有利になります。

　脚質だけをチェックしていると、「東京競馬場は直線が長いから差し届くだろう」と思い、枠順をないがしろにしてしまいがちです。予想をする際に重視するのは、「絶対データ」だということを忘れてはいけません。

　実際にデータを見てみると、内枠が有利なコースであることがわかります。特に、1枠の好走率の高さは目を見張るものがあり、積極的に狙える枠だと言えます。

　取り上げた2コース以外にも、有馬記念（GⅠ）や日経賞（GⅡ）が行われる中山芝2500mなど、内枠が有利なコースは多くあります。その傾向に従うことで、的中がグッと近づきます。

　なお、降雨や降雪などで、短期的に馬場の傾向が変化する場合もあるので、臨機応変に考えることが必要です。

東京芝1400mの枠番別成績

枠番	総数	1着	2着	3着	着外
1枠	106	27	21	15	43
2枠	104	20	17	11	56
3枠	98	23	13	13	49
4枠	96	24	11	17	44
5枠	96	19	14	10	53
6枠	109	20	13	17	59
7枠	134	22	28	18	66
8枠	124	24	11	15	74

枠番	勝率	連対率	3着内率	単勝回収値	複勝回収値
1枠	25.5%	45.3%	59.4%	107円	104円
2枠	19.2%	35.6%	46.2%	86円	80円
3枠	23.5%	36.7%	50.0%	77円	82円
4枠	25.0%	36.5%	54.2%	95円	91円
5枠	19.8%	34.4%	44.8%	69円	73円
6枠	18.3%	30.3%	45.9%	72円	76円
7枠	16.4%	37.3%	50.7%	60円	83円
8枠	19.4%	28.2%	40.3%	77円	68円

単勝1～3番人気のみ

4枠と5枠の間に、大きな差が見てとれます。京都芝1200mと同様に、3着内率は1枠が最も良く、8枠が最低です。「内枠が有利」で「外枠が不利」というイメージを持って予想します。

2018年に東京芝1400mで行われる主なレース

京王杯スプリングカップ（GⅡ）
京王杯2歳S（GⅡ）

CHAPTER : 2 「激走力」を構成する要素③「外的要素編」

外枠が有利なコースの外枠
阪神ダート1400m
東京ダート1600m

◇外枠が有利なコースを知る

「芝からスタートするダート戦」は、外枠であればあるほど、スピードが出やすい芝の部分を長く走れるというメリットがあります。ここでは、外枠が有利な2つのコースを取り上げます。

・阪神ダート1400m

<u>外枠の勝率が高い阪神ダート1400mは、外枠の馬が勝ち切れるコース</u>です。単勝や3連単の1着には外枠の馬を選び、相手も外枠の馬を中心に考えていきます。

その一方で、内枠は取りこぼすケースが多く、人気馬でも信頼が置けません。

・東京ダート1600m

外枠の3着内率が高い東京ダート1600mは、<u>「外枠の馬を3連複の軸にする」</u>のが理想です。

内枠では、特に1枠の成績が悪く、他の枠と比べて好走率が低いのが特徴です。未勝利戦からGIレースまで、施行回数が非常に多いので、枠順を意識して的中につなげます。

芝と違って「砂を被るリスク」が高まるため、ダート戦でも「枠順」は無視できない要素です。

「開幕週」だ「最終週」だと言っても、ダート戦では、芝のように馬場が荒れることはありません。外枠が有利になるのは、砂を被る確率が高く、自分から動きにくい内枠が不利になるからだということが、大事なポイントです。

阪神ダート1400mの枠番別成績

枠番	総数	1着	2着	3着	着外
1枠	117	21	18	21	57
2枠	131	24	25	15	67
3枠	129	25	18	14	72
4枠	134	21	26	15	72
5枠	148	38	35	20	55
6枠	145	38	31	16	60
7枠	141	32	27	22	60
8枠	150	40	24	16	70

枠番	勝率	連対率	3着内率	単勝回収値	複勝回収値
1枠	17.9%	33.3%	51.3%	71円	82円
2枠	18.3%	37.4%	48.9%	67円	74円
3枠	19.4%	33.3%	44.2%	75円	67円
4枠	15.7%	35.1%	46.3%	58円	75円
5枠	25.7%	49.3%	62.8%	92円	100円
6枠	26.2%	47.6%	58.6%	94円	90円
7枠	22.7%	41.8%	57.4%	95円	94円
8枠	26.7%	42.7%	53.3%	97円	83円

単勝1～3番人気のみ

阪神ダート1400mでは、「4～6番人気馬」でも外枠が有利。内枠の人気馬ではなく、「5枠から外の枠番の馬」を評価することがポイントです。

2018年に阪神ダート1400mで行われる主なレース

2018年に阪神ダート1400mで重賞は行われません。

2018年に東京ダート1600mで行われる主なレース

フェブラリーS（GⅠ）
ユニコーンS（GⅢ）
武蔵野S（GⅢ）

CHAPTER : 2 　「激走力」を構成する要素③「外的要素編」

外枠が有利なコースの外枠 新潟芝1000m

◇新潟の芝1000mは8枠が有利

　「直千(ちょくせん)」または「千直(せんちょく)」と呼ばれる新潟の芝1000mは8枠が圧倒的に有利です。データを見ると、8枠の「勝率」「連対率」「3着内率」が、他の枠の成績を大きく上回っていることが一目瞭然(いちもくりょうぜん)です。

　その理由として考えられるポイントは、3つあります。

・荒れていない馬場の良いところを通ることができる
・外ラチを頼って走れるために、ヨレることなくまっすぐ走れる
・路盤(ろばん)の関係で、外ラチ沿いの馬場が硬い

　覚えておきたい傾向は、新潟の芝1000mは、内枠でも単勝1〜3番人気馬は好走率が高いことです。この人気区分での2枠の勝率は28.1％で、8枠の24.4％を上回っています。これは、不利な内枠でも人気になっている馬は、その他の好走材料が多くあるからだと判断できます。
　しかし、4番人気以下になると、急に内枠の馬の好走率が下がり、7枠と8枠の馬の成績が上がります。「人気がなくても外枠から」という考え方をするのが基本です。

◇多くの人が知っているデータでも、プラスになる

　枠順別の平均人気を見ると、8枠は7.1番人気で、1枠は10.7番人気。「新潟芝1000mは外枠が有利」だということは、一般的に知られています。それでも、常に外枠の馬を追い続けても結果はプラスになります。

新潟芝1000mの枠番別成績

枠番	総数	1着	2着	3着	着外
1枠	229	6	7	6	210
2枠	235	10	10	7	208
3枠	239	11	6	11	211
4枠	243	13	11	9	210
5枠	246	13	8	15	210
6枠	246	12	24	19	191
7枠	307	23	32	26	226
8枠	312	36	26	31	219

枠番	勝率	連対率	3着内率	単勝回収値	複勝回収値
1枠	2.6%	5.7%	8.3%	38円	32円
2枠	4.3%	8.5%	11.5%	23円	32円
3枠	4.6%	7.1%	11.7%	112円	45円
4枠	5.3%	9.9%	13.6%	50円	77円
5枠	5.3%	8.5%	14.6%	68円	62円
6枠	4.9%	14.6%	22.4%	32円	79円
7枠	7.5%	17.9%	26.4%	67円	111円
8枠	11.5%	19.9%	29.8%	97円	83円

好走率だけでなく、回収値においても8枠が有利なのは間違いありません。「6枠と7枠の3着内率」も内枠の2倍ほどあり、外枠が非常に強いコースです。

2018年に新潟芝1000mで行われる主なレース

アイビスサマーダッシュ（GⅢ）

CHAPTER : 2 「激走力」を構成する要素③「外的要素編」
偶数の馬番が激走を生む

◇偶数の馬番と奇数の馬番では、好走率に差がある

　ゲート入りを嫌う競走馬が多いように、ゲートは非常にストレスが溜まる場所です。

・ゲート入れを行う順番
　　　　　発走調教再審査を受けた馬など→枠入りが悪い馬
　　　　→奇数の馬番→偶数の馬番→大外の馬番

　このように、奇数の馬番は偶数の馬番よりも、必然的にゲートの中で長く待たされることになります。好走率に差がある理由は、ゲートの中でのストレスが出遅れ等を誘発し、激走を妨げているからだと言えます。

　2015年の宝塚記念（GI・阪神芝2200m）では、単勝1.9倍の断然人気に推されたゴールドシップがゲートの中で立ち上がり、大きく出遅れました。この時は15番で、奇数の馬番でした。

　「ゲートの中でうるさい素振りを見せる馬」や「馬体・骨格の構造や気性などの理由により出遅れる可能性がある馬」にとって、「偶数の馬番」は、特に効果的です。このような馬が偶数の馬番に入った際は、パフォーマンスを上げると予想できます。

◇枠順抽選会から垣間見える陣営の想い

　2014年の有馬記念の枠順抽選会において、最初に選択権を得たジェンティルドンナ陣営が2枠4番を選び、2番目のトゥザワールド陣営も3枠6番を選びました。「内枠」よりも、「内枠で偶数の馬番」が欲しいという関係者の考えを、うかがい知ることができたシーンです。結果は、この2頭のワンツー決着でした。

「偶数の馬番」と「奇数の馬番」の成績（単勝人気別）

人気	馬番	総数	1着	2着	3着	着外
1～3人気	偶数	24,548	5,368	4,204	3,258	11,718
	奇数	25,346	5,181	4,198	3,360	12,607
4～6人気	偶数	24,393	1,790	2,287	2,560	17,756
	奇数	25,492	1,909	2,303	2,608	18,672
7～9人気	偶数	24,043	789	1,142	1,458	20,654
	奇数	25,316	763	1,103	1,497	21,953

人気	馬番	勝率	連対率	3着内率	単勝回収値	複勝回収値
1～3人気	偶数	21.9%	39.0%	52.3%	82円	84円
	奇数	20.4%	37.0%	50.3%	75円	80円
4～6人気	偶数	7.3%	16.7%	27.2%	79円	79円
	奇数	7.5%	16.5%	26.8%	81円	77円
7～9人気	偶数	3.3%	8.0%	14.1%	81円	79円
	奇数	3.0%	7.4%	13.3%	73円	75円

障害戦を除く

数字上ではわずかな差ですが、全て偶数の馬番の成績が上回りました。例外として、単勝4～6番人気の勝率では、奇数の馬番が勝っています。

ゴールドシップの返し馬（2015年6月28日撮影）

CHAPTER : 2 「激走力」を構成する要素③「外的要素編」

大外枠は必ずしもマイナスではない

◇大外枠は好走率が高い

競馬の POINT! 大外枠とは？

　その名のとおり、一番外側の枠順のことです。大外枠の馬は、道中で終始外側を走らされるリスクが高い枠順なので、敬遠されがちです。しかし大外枠は、必ずしもマイナス材料ではありません。

　芝のレースで8枠の16～17番の成績は、より外枠である「大外枠」に入ったほうが、好走率が高いのです。

　大外枠は、外々を通らざるを得ないので距離のロスは生じます。それでも、大外枠は枠入れが最後に行われるので、ゲートの中で待たされる時間が短く、精神的ストレスが軽減されます。精神面のプラス要素が大きいことが、数字に表れていると考えます。

◇大外枠は、ゲートを出た後にもメリットがある

　また、大外枠であれば、「ダート戦で砂を被るリスクが低くなる」「外から被せられずにレースを運ぶことができる」という利点も見逃せません。競馬のレースでは、自分より内側に馬がいることよりも、外側を馬が走っている時のほうが、ストレスを強く感じている様子が伝わってきます。「偶数馬番や大外枠が有利」という傾向から、競走馬の「気持ち」を考慮して予想を組み立てることが不可欠です。

注釈：現行のルールでは、芝の8枠18番、ダートの8枠16番は必ず大外枠です。従って、集計からは除外しました。また、発走直前に外枠発走となる等の事象は考慮していません。あくまで頭数と枠順で大外枠であるかを判別しています。

芝・ダート別大外枠の成績

芝・ダート	枠	総数	1着	2着	3着	着外
芝	大外	2,497	139	147	179	2,032
芝	大外以外	3,533	193	167	167	3,006
ダート	大外	1,961	142	150	138	1,531
ダート	大外以外	10,125	667	695	658	8,105

芝・ダート	枠	勝率	連対率	3着内率	単勝回収値	複勝回収値
芝	大外	5.6%	11.5%	18.6%	83円	79円
芝	大外以外	5.5%	10.2%	14.9%	69円	68円
ダート	大外	7.2%	14.9%	21.9%	63円	76円
ダート	大外以外	6.6%	13.5%	20.0%	79円	80円

芝・ダート別大外枠の成績（単勝1～3番人気）

芝・ダート	枠	総数	1着	2着	3着	着外
芝	大外	431	77	75	73	206
芝	大外以外	585	111	79	56	339
ダート	大外	413	90	72	59	192
ダート	大外以外	1,909	393	347	280	889

芝・ダート	枠	勝率	連対率	3着内率	単勝回収値	複勝回収値
芝	大外	17.9%	35.3%	52.2%	70円	90円
芝	大外以外	19.0%	32.5%	42.1%	76円	75円
ダート	大外	21.8%	39.2%	53.5%	76円	86円
ダート	大外以外	20.6%	38.8%	53.4%	79円	88円

いずれも、芝は16～17番、ダートは14～15番を対象

大外枠の影響は、芝のレースではっきりと表れています。芝では人気馬が大外枠で勝ち切れないものの、馬券圏内への期待は高くなります。

CHAPTER : 2 　「激走力」を構成する要素③「外的要素編」
枠順の変化で一変する

◇枠順が以前よりも有利になる馬を見つける

　競馬には枠順による有利・不利があることを再確認しました。これほどの影響があるので、前走時やそれ以前の枠順も「激走力」を構築する要素として考慮します。

　京都芝1200mは内枠が有利です。このコースで、外枠に入って敗れた馬が今回は内枠だったなら、前走よりも良い着順になると考えられます。逆に、前走が内枠で今回が外枠の場合は、パフォーマンスが落ちる可能性が高いです。

◇コースの適性は、当時の枠順と合わせて判断する

　着順だけを見ていると、「過去に走って着外だったから、このコースに適性がない」と判断しがちです。「不利な枠だったから着外だったのか？」、それとも「有利な枠だったのに着外だったのか？」では、全く意味合いが異なります。適性を判断する際は、「過去の枠順など、レース当時に激走力の要素が揃っていたか？」を合わせて検討します。

　「着順だけでなく、枠順によって競走成績がどう変わるか？」という思考が少しずつ身についてくれば、「このコースでは2走とも着外だったが、その時よりも今回は枠順が有利」だと捉えることができます。

　また、不利な枠で勝ったときは、「そのコースにかなりの適性がある」、もしくは「相当な実力馬である」と判断することができます。そのような馬が、次走以降で有利な枠順に替わった場合は、評価をさらに上げます。

2018年 1月28日 シルクロードS（GIII）京都芝1200m 良

　GI馬⑦セイウンコウセイが積極策で先手を奪い、重賞としては落ち着いた流れ。その真後ろで内枠を活かし、ロスがない競馬で快勝したのが4番人気の①ファインニードルでした。

　ファインニードルは、前走がスプリンターズS（GI・中山芝1200m）で13番枠から12着に大敗。一見、力負けのようにも思えますが、このレースは内枠の馬が上位を独占していました。

　それが、今回は京都の芝1200mで最内枠という絶好の枠順。ファインニードル自身、内側の枠順が得意ということもあり、ガラリと一変しました。

　このように、「前走の枠順の有利・不利」も、激走の要素となります。不利な枠順から好走した馬は、その後も注目します。

枠順の変化で一変する

着順	激走指数	激走印	馬名	性齢	斤量	騎手	人気	厩舎	馬体重
1着	56	激★	ファインニードル	牡5	57	川田	4人	高橋忠	488(+18)
2着	52	激★	セイウンコウセイ	牡5	58	松田	5人	上原	504(+6)
3着	44		フミノムーン	牡6	55	国分優	15人	西浦	458(+4)

着順	枠番	馬番	馬名	タイム	着差	コーナー通過順位	上がり3F（順位）
1着	1枠	1番	ファインニードル	1:08.3		③③②	33秒9 ④
2着	4枠	7番	セイウンコウセイ	1:08.6	2	①①①	34秒6 ⑮
3着	2枠	4番	フミノムーン	1:08.7	クビ	⑮⑮⑬	33秒4 ①

単勝	1	770円		馬単	1-7	5,830円
複勝	1	330円			1-7	1,270円
	7	370円		ワイド	1-4	6,630円
	4	1,740円			4-7	9,410円
枠連	1-4	490円		3連複	1-4-7	54,280円
馬連	1-7	3,200円		3連単	1-7-4	237,290円

CHAPTER : 2　「激走力」を構成する要素③「外的要素編」
先行馬が有利な馬場の傾向

◇先行馬が粘れる馬場での狙い方

　馬場の傾向（トラックバイアス）もまた、レース結果に大きな影響を与える要素のひとつです。

　馬場の傾向によっては、過去の実績が関係なくなってしまうことさえあります。
　極端な傾向が出ている日に関しては、「絶対データ」や「馬の特性データ」よりも重視すべき予想材料です。

　馬場の傾向は、「コース替わり」や「芝刈り」「降雨」「降雪」などによって「1週」さらには「1日」「1レース」ごとにガラリと変わってしまいます。そのため、事前に考慮しづらい要素でもあります。

　前残りの馬場傾向を見極めるヒントとして、次の3点を挙げます。

①4コーナーの出口から馬群の隊列が入れ替わらない
②人気の差し馬が思うように伸びず、人気薄の先行馬が粘り込む
③強い人気馬＋内枠の馬という決着が続く

　このような状況で、逃げ・先行馬が粘れる馬場だと気づいたら、内枠の馬や、前半にダッシュ力がある馬を重視します。

　加えて、極端なトラックバイアスが生じたときは、騎手にも注目します。
　C・ルメール騎手や、M・デムーロ騎手は、騎手の中でも特に、トラックバイアスを読むことに長けた名手です。

2018年1月6日 京都12R 4歳以上1000万下 芝1200m 良

　京都開催1日目の最終レースは、9番人気の⑩ウインソワレが逃げ切って波乱の決着となりました。

　しかし、「馬場の傾向」から見ると、この逃げ切りは予測できるものだったのです。

　レース当日、京都の芝コースは、先行馬の決着が続いていました。左ページ①②の馬場傾向に当てはまっていたので、極端な前残りの馬場であると判断できます。ですから、逃げ馬のウインソワレを狙うのは、それほど難しいことではありませんでした。

　また、この日、唯一、差し馬が届いたレースが、メーンの京都金杯（GⅢ・京都芝1600m）。直前に行われた芝の福寿草特別の結果を踏まえたからか、先行争いが激しくなったためです。その直後の12R（1000万下・京都芝1200m）を再び逃げ馬が制したことからも、騎手の心理が読み取れた興味深い1日でした。

先行馬が有利な馬場の傾向

着順	激走指数	激走印	馬名	性齢	斤量	騎手	人気	厩舎	馬体重
1着	52	激△	ウインソワレ	牝6	55	菱田	9人	宮本	482(+6)
2着	54	激★	ヒルノマゼラン	牡5	57	古川	4人	昆	510(+2)
3着	45		キーナンバー	牡5	57	国分恭	14人	宮	514(+6)

着順	枠番	馬番	馬名	タイム	着差	コーナー通過順位	上がり3F（順位）
1着	5枠	10番	ウインソワレ	1:09.0		①①①	35秒1 ⑧
2着	2枠	3番	ヒルノマゼラン	1:09.3	1 3/4	④④④	35秒0 ⑦
3着	8枠	15番	キーナンバー	1:09.3	クビ	⑯⑯⑮	33秒5 ①

単勝	10	2,830円	馬単	10 - 3	22,720円
複勝	10	760円	ワイド	3 - 10	2,750円
	3	270円		10 - 15	14,430円
	15	1,530円		3 - 15	6,680円
枠連	2 - 5	6,960円	3連複	3 - 10 - 15	141,460円
馬連	3 - 10	10,380円	3連単	10 - 3 - 15	881,290円

CHAPTER : 2 「激走力」を構成する要素③「外的要素編」
差し馬が有利な馬場の傾向

◇外が有利な馬場では、外枠の馬＋外国出身の騎手

　芝のエアレーションやシャタリング作業、ダートへの凍結防止剤の散布なども、馬場の傾向に大きく影響します。

　一般的に、これらの作業が行われると、時計が掛かり、外側を通った差し馬に有利になることが多いです。作業の実施は、ＪＲＡのホームページで公開されていますので、毎週確認する習慣をつけましょう。
　また、これらの馬場情報が、どれくらい影響するのかは、当日になってみないとわかりません。午前中の未勝利戦で、この傾向をつかむようにします。

外側を通った馬が伸びる「外差し馬場」の見極め方

① 4角で外を回した馬が伸び、直線の入口とは隊列が大きく変わる
② Hペースではないのに人気の先行馬が止まり、人気がない差し馬が伸びてくる
③ 「強い人気馬」と「二桁の馬番の馬」という結果が続く

　先行馬と同様に、外側が有利な馬場でも、M・デムーロ、C・ルメール騎手など、外国出身の騎手に注目します。

　ただし、逃げ馬が内ラチから離れて（インコースを空けて）レースをするような、極端に荒れた馬場になることがあります。そのようなときは、「外枠狙い」が通用しません。
　また、「内側と外側のどちらが有利な馬場状態なのか全く見当がつかない」と感じた際は、いさぎよく馬券の購入を諦めます。

2017年10月22日 京都11R 菊花賞（GⅠ）芝3000m 不

　大雨のために記録的な不良馬場となった2017年の菊花賞。勝った⑬キセキを導いたM・デムーロ騎手は、この日の馬場を読み切っていました。

　９Rの堀川特別（1000万下・芝1800m）、10Rの桂川S（1600万下・芝1200m）では、できるだけ仕掛けを我慢し、外側から追い込むという競馬で連勝。そして、菊花賞でも同じような乗り方をして、３レース続けて勝利を収めました。進路を取るコースの選択だけでなく、追い始めるタイミングもピッタリつかめていました。

　彼は、１日に５勝以上を挙げる日もあるように、馬場状態の推測にも長けています。極端な馬場になった際は、外国出身の騎手を狙うべきだと再確認したレースでした。

差し馬が有利な馬場の傾向

着順	激走指数	馬名	性齢	斤量	騎手	人気	厩舎	馬体重
1着	53	キセキ	牡3	57	Mデム	1人	角 居	488(+2)
2着	48	クリンチャー	牡3	57	藤岡佑	10人	宮 本	482(-8)
3着	48	ポポカテペトル	牡3	57	和 田	13人	友 道	478(-4)

着順	枠番	馬番	馬名	タイム	着差	コーナー通過順位	上がり3F（順位）
1着	7枠	13番	キセキ	3:18.9		⑭⑭⑫⑦	39秒6 ①
2着	2枠	4番	クリンチャー	3:19.2	2	⑪⑪⑦②	40秒2 ④
3着	7枠	14番	ポポカテペトル	3:19.2	ハナ	⑨⑦⑦③	40秒1 ③

単勝	13	450 円
複勝	13	210 円
	4	770 円
	14	1,110 円
枠連	2 - 7	3,070 円
馬連	4 - 13	10,660 円

馬単	13 - 4	15,890 円
ワイド	4 - 13	3,730 円
	13 - 14	4,940 円
	4 - 14	12,360 円
3連複	4 - 13 - 14	136,350 円
3連単	13 - 4 - 14	559,700 円

馬場の適性を見極める

CHAPTER : 2 「激走力」を構成する要素③「外的要素編」

◇「時計が掛かる馬場」で激走する

　競走馬は、自分が得意な馬場で激走します。簡潔に言えば、「時計が速い馬場」と「時計が掛かる馬場」のどちらを得意としているかです。芝のレースでは、「時計が速い馬場」で凡走が続いていた馬が、「時計が掛かる馬場」になると、激走するケースが目立ちます。

　サトノクラウン（堀宣行厩舎）がわかりやすい例です。良馬場で行われたダービーでも３着になったように、スピード比べにも対応できます。しかし古馬になってからは、重馬場での好走が光っています。連覇した16、17年の京都記念、国内でのＧⅠ初制覇となった17年の宝塚記念は、水分を含んだ馬場でのものでした。17年天皇賞秋では、キタサンブラックに敗れたものの２着。重馬場適性の高さは示しました。サトノクラウンが得意なのは「時計が掛かる馬場」と判断できます。

◇「時計が掛かる馬場」になりやすいケース

＜芝＞
・降雨や降雪によって水分を含んだ馬場
・洋芝を使用する札幌・函館開催（近年は高速化する傾向があります）
・エアレーションやシャタリング作業が行われた開幕週
＜ダート＞
・凍結防止剤が散布されるなど、冬季の乾燥した馬場

　芝でもダートでも、水分を含んだ馬場で力を発揮する馬がいます。水分を含んだ馬場は全くダメという馬もいるので、重馬場が得意であることは、芝・ダートともに相当のアドバンテージです。

2017年6月25日 阪神11R 宝塚記念（GI）芝2200m 稍重

⑪サトノクラウンは海外を含めて重賞を5勝。日本よりも「時計が掛かる馬場」である香港では、GIレースまで勝っていました。その5勝の内、稍重、重といった渋った馬場で3勝しています。

前走の大阪杯は良馬場で6着に敗れ、宝塚記念では3番人気でした。当日の馬場状態は稍重で、開催の最終日に行われていることもあり、馬場も荒れて「時計が掛かる馬場」になりました。サトノクラウンにとっては理想的な状況で、きっちりと巻き返し、国内GIを初制覇しました。

その後は不良馬場の天皇賞秋で2着に好走したものの、続くジャパンカップ、有馬記念では大敗。スピードが活きるレースとなり、サトノクラウンが得意な「時計が掛かる馬場」にはなりませんでした。この結果からも、馬場適性が大きな要素だということがわかります。

馬場の適性を見極める

着順	激走指数	激走印	馬名	性齢	斤量	騎手	人気	厩舎	馬体重
1着	-	-	サトノクラウン	牡5	58	Mデム	3人	堀	488(+10)
2着	-	-	ゴールドアクター	牡6	58	横山典	5人	中川	488(-6)
3着	-	-	ミッキークイーン	牝5	56	浜中	4人	池江	448(+8)

着順	枠番	馬番	馬名	タイム	着差	コーナー通過順位	上がり3F（順位）
1着	8枠	11番	サトノクラウン	2:11.4		⑦⑥⑥⑥	35秒4 ①
2着	2枠	2番	ゴールドアクター	2:11.5	3/4	⑥⑥⑥⑨	35秒4 ①
3着	7枠	8番	ミッキークイーン	2:11.7	1 1/2	⑨⑨⑨⑨	35秒5 ③

単勝	11	900円	馬単	11 - 2	10,330円
複勝	11	480円		2 - 11	1,500円
	2	550円	ワイド	8 - 11	1,170円
	8	450円		2 - 8	1,060円
枠連	2 - 8	710円	3連複	2 - 8 - 11	10,670円
馬連	2 - 11	5,250円	3連単	11 - 2 - 8	70,420円

「馬トク」サイトが公開される以前のレースなので、「激走指数」「激走印」はありません

CHAPTER : 2 「激走力」を構成する要素③「外的要素編」

コース適性が高い馬を狙う

◇コース替わりの時は、特にコース適性を重視

各競馬場の特性によって、競走馬のコース適性も異なります。

・右回り・左回り
・スタートする位置
・ゴール前に急な上り坂があるかないか
・コーナーの角度は急か、それとも緩やかか
・野芝・洋芝
・直線の長さ

大別すると、上記のような違いが挙げられます。基本的に、これらの構造が似ているコースでは、適性や好走できる馬のタイプも似かよってきます。

特性が異なるコースで好走してきた人気馬は、今回のコースの適性を備えていない可能性が大いにあります。「手前を替えられるか」など、「開催替わり」には、コース適性に注意が必要です。

競馬の POINT! 手前とは？

左右どちら側の前肢を前に出して走っているか？を意味する競馬用語です。左前肢の方が前であれば「左手前(ひだりてまえ)」、右前肢が前なら「右手前(みぎてまえ)」と言います。

競走馬は基本的に、右回りコースではコーナーを右手前で走り、直線では手前を替えて左手前で走ります。これを行わない馬は、片方の前肢に疲労が溜まりやすく、力を発揮し切れない不安があります。

◇コース替わり時のチェックポイント

・コースの特徴から今回の適性を推測。適性がある馬を探す
・コースの特性が異なるコースで好走した馬を疑問視する

2017年11月5日 東京11R アルゼンチン共和国杯（GⅡ）東京芝2500m 良

④スワーヴリチャードは、右回りコースでは手前を替えるのが苦手という特性があり、直線が長くて左回りの東京コースが得意です。

右回りの皐月賞では6着。左回りに替わったダービーでは僅差の2着と、適性の高さを改めて示しました。

ダービー後の舞台として選んだのが、やはり左回りのアルゼンチン共和国杯です。ダービーよりも距離が100m延びましたが、2着馬に0秒4差を付け快勝。続く有馬記念では、キタサンブラックに次ぐ人気を集めたものの、「右回り」と「外枠」が影響し、最後に脚が止まって4着に敗れました。

このように、東京競馬場と中山競馬場では、適性が全く異なります。スワーヴリチャードは、それを「右・左回り」や「コース形態」の違いで説明できる好例です。

コース適性が高い馬を狙う

着順	激走指数	激走印	馬名	性齢	斤量	騎手	人気	厩舎	馬体重
1着	55	盤石	スワーヴリチャード	牡3	56	Mデム	1人	庄野	502(+10)
2着	50	激△	ソールインパクト	牡5	53	福永	7人	戸田	490(±0)
3着	51	特注	セダブリランテス	牡3	54	戸崎	3人	手塚	514(-10)

着順	枠番	馬番	馬名	タイム	着差	コーナー通過順位	上がり3F（順位）
1着	2枠	4番	スワーヴリチャード	2:30.0		⑥⑥⑦⑦	35秒0 ①
2着	4枠	7番	ソールインパクト	2:30.4	2 1/2	⑤⑤④④	35秒5 ③
3着	1枠	1番	セダブリランテス	2:30.6	1 1/4	③③④④	35秒8 ⑦

単勝	4	200円
複勝	4	130円
	7	330円
	1	250円
枠連	2-4	980円
馬連	4-7	1,840円

馬単	4-7	2,250円
ワイド	4-7	610円
	1-4	420円
	1-7	1,570円
3連複	1-4-7	3,020円
3連単	4-7-1	12,060円

CHAPTER : 2 「激走力」を構成する要素③「外的要素編」
コース替わりによる激走を見逃さない

◇不得意な条件→得意な条件で一変する

　「直線の長さ」「急な上り坂の有無」などがありますが、馬券的に面白いのは、コーナーの角度の変化による激走です。例を挙げると、新潟競馬場のダートは、直線こそ長いのですが、コーナーの角度が急になっています。このため、勝負所で勢いをつけることが難しく、「逃げ・先行馬」が圧倒的に有利なコース形態です。東京や中山のダートで粘れなかった先行馬が、新潟のダートでは一変して粘り切るという事象があります。

◇新潟のダート戦で差し届かなかった馬に注目

　次に「差し馬」ですが、東京競馬場のダートで、4コーナーで最後方から追い込むような競馬をした馬は、新潟競馬場では追い込んでもまず届きません。東京と新潟は同じ左回りの直線が長いコースではありますが、全く別のコースです。
　そこで、「新潟のダート戦で敗れて、人気を落とした差し馬」を追いかけます。コース替わりによる激走が期待できるので、次走で東京や中山コースに出走してきた時が狙い目です。

ローカルの不得意な条件で惨敗
↓
中央4場の得意な条件で巻き返す
（中山・東京・京都・阪神）

　なお、ローカル開催では、陣営が適性があるレースを選べない場合があります。例を挙げると、新潟のダートは1200mと1800mが多く行われ、1400mと1600mのレースは、そもそも存在しません。

2017年10月22日 大山崎特別 3歳以上1000万下 京都ダート1200m 不

1番人気の⑩オウケンビリーヴが、コース替わりで勝ったレースです。

前走：7月30日　岩室温泉特別（1000万下・新潟ダート1200m）
　　　　　　　　　　　↓
今回：10月22日　大山崎特別（1000万下・京都ダート1200m）

岩室温泉特別では、4コーナーで9番手の位置から追い込んだものの、差し切ることはできませんでした。しかし、単勝1.4倍という断然の1番人気を裏切る形で4着に敗れたのは、新潟競馬場の形態によるものが大きかったと言えます。4コーナーで加速できず、先行馬に差を広げられていました。いくら決め手があっても、これでは届きません。

そして、コーナーの角度が緩やかになった京都の大山崎特別では、しっかり伸びて勝利を収めました。4コーナーで先行馬に置かれることなくレースを進めたことが好走の要因です。

コース替わりによる激走を見逃さない

着順	激走指数	激走印	馬名	性齢	斤量	騎手	人気	厩舎	馬体重
1着	53		オウケンビリーヴ	牝4	55	福永	1人	安田	492(+6)
2着	54		アードラー	牡3	55	和田	3人	音無	472(-2)
3着	53	特注	テンモース	牝3	53	武豊	4人	飯田祐	460(±0)

着順	枠番	馬番	馬名	タイム	着差	コーナー通過順位	上がり3F（順位）
1着	7枠	10番	オウケンビリーヴ	1:10.6		⑧⑧⑥	35秒4 ①
2着	8枠	12番	アードラー	1:10.6	ハナ	③⑤⑥	35秒6 ④
3着	3枠	3番	テンモース	1:10.9	1 3/4	③⑤④	36秒2 ⑥

単勝	10	280円
複勝	10	140円
	12	190円
	3	210円
枠連	7-8	520円
馬連	10-12	880円

馬単	10-12	1,460円
ワイド	10-12	350円
	3-10	430円
	3-12	740円
3連複	3-10-12	1,960円
3連単	10-12-3	6,920円

CHAPTER : 2　「激走力」を構成する要素③「外的要素編」
コースのスペシャリストを狙う

◇コース巧者が激走する

　適性が重要なコースでは、「コースのスペシャリストが激走するとき」を見極められると有利です。

◇阪神芝・ダート1400m

　阪神競馬場の1400mコースは、芝・ダートとも、「コース巧者」に注目します。狙い目なのは、阪神の1400mで「未勝利戦」や「500万下条件」を勝った馬です。以下のケースを見逃さないようにします。

昇級戦の後で、数戦、凡走を続けて人気が落ちる
↓
阪神芝・ダート1400mで再び好走する

◇阪神ダート2000m

　ダート戦の中では、距離が長めの2000m。芝からのスタートであることからも独特の通過ラップを刻みやすく、「コース巧者」が生まれやすい条件です。

①以前に阪神ダート2000mで好走したことがある
②東京ダート2100mや、京都ダート1900mで好走したことがある
　似たような適性が活きるコースなので、この条件で好走していれば評価を上げることができます。
③芝での好走実績がある
　芝にも対応できる馬の成績が良いです。これは、道中のペースが緩んで、急加速するというレースのラップタイムが、芝のレースに似ているからだと言えます。

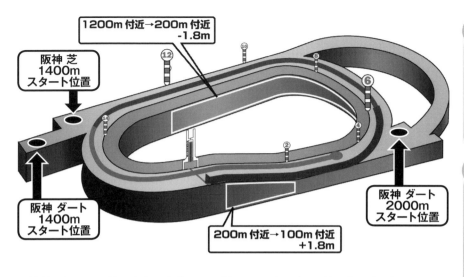

阪神競馬場見取り図。中山・中京よりは緩やかだが、ゴール前に急な上り坂がある

2017年阪神カップ（GⅡ）の優勝馬　イスラボニータ。阪神芝1400mのスペシャリスト

CHAPTER : 2 「激走力」を構成する要素③「外的要素編」
距離の変化に気をつける

◇距離を短縮した馬は好走率が高い

　条件替わりの際には、距離の変化が重要な要素となります。
　数字上ではわずかな差ですが、競馬では、前走よりも距離が長くなる「距離延長」よりも、距離が短くなる「距離短縮」の方が、好走率が高いです。
　この「距離短縮」をピンポイントで狙う場合は、「外国産馬」がおすすめです。外国産馬の成績が良いことは先述の通りですが、距離短縮の際は、評価をさらに上げます。
　距離短縮は、「引っ掛かって折り合いが付かない」「スピードはあるのに途中で競馬をやめてしまいたがる」など、気性に問題を抱えている馬に効果があると感じています。

・今回１～３番人気の外国産馬がダートで距離を短縮した場合
　勝率28.5%、連対率45.9%、３着内率58.7%

・外国産馬を除く、今回１～３番人気がダートで距離を短縮した場合
　勝率20.7%、連対率37.5%、３着内率50.7%

◇距離の変化は、各馬の個性と合わせて判断する

　逆に、「距離延長」がプラスになる馬もいます。「道中の追走に苦労する」「加速に時間が掛かる」などの馬は、距離延長で激走します。
　つまり、「距離短縮馬が有利」というのは、あくまで全体の傾向で、距離の変化が各馬の個性に合っているかがカギになります。個性を把握できていない場合は、「距離短縮の馬は成績が良い」と意識してみましょう。

2017年10月1日 阪神8R 3歳以上500万下 ダート1200m 良

⑩テンモースは、過去の成績を見ると、1200mで好走して1400mで凡走するというパターンを繰り返していました。

このレースでは、外側を通りながらも抜群の手応えで直線に向かい、一気に伸びて差し切り勝ち。上がり3Fの時計は、メンバー中最速の36秒5でした。「外国産馬」で、「馬の特性データ」から「1200mへの距離短縮」もプラスに働いた結果の完勝です。

デビューしてから間もない時期は、まだ適性が明確になっていません。そのため、不得意な条件で走っている馬が数多く存在します。外国産馬の距離短縮による激走が目立つのも、この時期です。

2歳のダート戦では「外国産馬」と「距離短縮」に、特に注目します。非常に好走率が高い組み合わせですので、見逃さないようにしましょう。

距離の変化に気をつける

着順	激走指数	激走印	馬名	性齢	斤量	騎手	人気	厩舎	馬体重
1着	57		テンモース	牝3	53	秋山	1人	飯田祐	460(+12)
2着	54		ジュエアトゥー	セ3	52	森裕太	3人	山内	500(+6)
3着	52	激★	マリエラ	牡4	57	菱田	7人	鮫島	532(-6)

着順	枠番	馬番	馬名	タイム	着差	コーナー通過順位	上がり3F(順位)
1着	6枠	10番	テンモース	1:11.8		⑧⑧⑦	36秒5 ①
2着	5枠	9番	ジュエアトゥー	1:11.9	1/2	⑥⑤⑤	37秒0 ③
3着	6枠	11番	マリエラ	1:12.6	4	⑦⑤⑤	37秒6 ⑨

単勝	10	330円	馬単	10 - 9	1,910円
複勝	10	140円	ワイド	9 - 10	490円
	9	210円		10 - 11	920円
	11	290円		9 - 11	1,320円
枠連	5 - 6	720円	3連複	9 - 10 - 11	4,520円
馬連	9 - 10	1,050円	3連単	10 - 9 - 11	16,940円

CHAPTER : 2 「激走力」を構成する要素③「外的要素編」
出走頭数の変化を見る

◇近走が「多頭数」のレースだった差し馬

　近走で多頭数での競馬を経験していた馬が、出走頭数が減ったレースで台頭するケースがあります。

　主に「差し馬」が該当します。その理由は、「多頭数で馬群から抜け出すことに苦労していた馬」や、「外々を通るロスがあり着順が悪くなった馬」が、レースをしやすくなるからです。

　18頭立てのレースでは、道中で前が壁になる可能性が高くなります。ブレーキを踏むほどの不利は受けなくても、若干追い出すタイミングが遅れるなど、目に見えない不利が発生することがその理由です。

　頭数が減れば、後ろからレースを進める馬でも先頭との距離が近くなります。外側を通る不安も少なくなり、差し馬にとってプラス材料となることが多いのです。

> 少頭数のレースになると
> 前走多頭数で差し届かなかった馬が台頭する

◇2歳戦で近走が「少頭数」のレースだった馬

　2歳戦においては、多頭数のレースを経験していない馬が多いです。そのため、GⅠレースなどで多頭数の競馬に挑むと、力を発揮できないということもあります。
　「馬群の中で揉まれて競馬をした経験が、大一番の前にあったかどうか」を必ず確認しましょう。

> 多頭数のレースになると
> 前走少頭数で差してきた馬の評価を下げる

2017年12月10日 阪神11R 阪神JF（GⅠ）芝1600m 良

　2017年の阪神JFで、1番人気に支持されたのは、2戦2勝の⑱ロックディスタウンでした。札幌2歳S（GⅢ・札幌芝1800m）の勝ち馬ですが、過去2戦は10頭立てと14頭立て。今回は18頭立てと、初めて多頭数のレースを経験します。

　レースでは、18頭立ての大外から引っかかり気味に先行。直線では余力がなく、見せ場を作れず9着に敗れました。

　このように、若駒が初めて多頭数のレースに出走したときは、大敗する危険性を秘めています。競馬のレースは、1頭で走るわけではありません。頭数が増えれば増えるほど、レースの前には予想ができなかった事象が発生しやすくなります。頭数の変化がどのように影響するかを、気に掛けるようにしましょう。

出走頭数の変化を見る

着順	激走指数	激走印	馬名	性齢	斤量	騎手	人気	厩舎	馬体重
1着	54		ラッキーライラック	牝2	54	石橋	2人	松永幹	484(-2)
2着	54		リリーノーブル	牝2	54	川田	3人	藤岡	494(-4)
3着	51	激★	マウレア	牝2	54	戸崎	4人	手塚	446(-4)

着順	枠番	馬番	馬名	タイム	着差	コーナー通過順位	上がり3F（順位）
1着	6枠	11番	ラッキーライラック	1:34.3		⑦⑧⑧	33秒7 ①
2着	4枠	7番	リリーノーブル	1:34.4	3/4	④⑥⑤	33秒9 ③
3着	2枠	4番	マウレア	1:34.5	1/2	⑨⑧⑧	33秒9 ③

単勝	11	410円
複勝	11	140円
	7	180円
	4	240円
枠連	4-6	720円
馬連	7-11	920円

馬単	11-7	1,820円
ワイド	7-11	390円
	4-11	560円
	4-7	800円
3連複	4-7-11	2,160円
3連単	11-7-4	8,560円

CHAPTER : 2 　「激走力」を構成する要素③「外的要素編」
前走の相手関係が強かった

◇「次走以降の成績」から相手関係の強さを測る

「相手が強いレースの７着馬」と「相手が弱いレースの７着馬」

同じ着順ですが、前者のほうが好走できると考えるのが自然です。強い競馬をしたにも関わらず、着順が悪かったため人気になりにくい馬は狙い目です。

相手関係の強さは、「能力指数」だけでなく、上位入着馬の「次走以降の成績」からも測ることができます。あるレースの上位入着馬が、同じクラス、あるいは昇級して次走も好走したとすれば、そのレースは相手関係が強かったということです。

一方で、上位の馬がそろって次走で負けていれば、相手関係が弱かったレースだと判断できます。

◇「レースの中盤のラップタイム」に注目する

相手関係の強いレースだったかを調べるために、１頭ずつ次走の成績を確認するのは大変です。そこで、「レースの中盤のラップタイム」を見ることで、芝2000m前後のレースで相手関係の強さを判断します。

競馬の POINT! 中盤のラップタイムとは？

「スタートしてから最初の600m」と、「ゴールから逆算した600m」を除いたラップタイムのこと。2000mの場合、600～1400m地点にあたるラップタイムを指します。

ここで11秒～12秒台前半のラップを連続して刻んでいるレースを見つけます。道中でペースが落ちないレースは、高い能力が必要です。相手関係が強かった可能性があるので、まずは「中盤のラップタイム」で目星をつけて、それから次走以降の成績を見ていきます。

2017年10月1日 中山7R 3歳以上500万下 芝1600m 良

勝ったのは、前走の高田城特別（5月21日　新潟芝1800m　500万下　良）で7着だった、単勝8番人気の①ゴールドサーベラスです。

高田城特別のラップタイムと上位入着馬の次走のレース結果

| 12.5 | → | 11.1 | → | 11.5 | → | **11.9** | → | **11.9** | → | **12.1** | → | 11.9 | → | 11.0 | → | 12.0 |

1着	⑦ローズクランス…6月11日 東京8R 500万下	2着
2着	②シンボリタピット…6月11日 東京8R 500万下	1着
3着	⑩メイショウフェイク…7月30日 札幌7R 500万下	3着
4着	⑥ウイングチップ…6月18日 東京12R 500万下	1着
5着	⑭ミスズダンディー…6月10日 阪神12R 500万下	3着
6着	⑫ロードプレミアム…6月10日 阪神12R 500万下	1着

高田城特別の上位入着馬は、次走で軒並み好走していることがわかります。この点に着目すれば、このレースは相手関係が強かったと判断することができ、ゴールドサーベラスを十分狙えます。

前走の相手関係が強かった

着順	激走指数	激走印	馬名	性齢	斤量	騎手	人気	厩舎	馬体重
1着	51		ゴールドサーベラス	牡5	57	柴山	8人	清水克	446(-4)
2着	56		クインズサン	牡4	57	戸崎	3人	和田道	454(+4)
3着	52	激★	パラノーマル	牝4	55	松岡	10人	水野	436(±0)

着順	枠番	馬番	馬名	タイム	着差	コーナー通過順位	上がり3F(順位)
1着	1枠	1番	ゴールドサーベラス	1:34.1		⑬⑩⑧⑧	34秒0 ①
2着	1枠	2番	クインズサン	1:34.3	1 1/4	⑮⑭⑪⑪	34秒0 ①
3着	4枠	7番	パラノーマル	1:34.5	1 1/4	⑥⑧⑤⑥	34秒6 ④

単勝	1	1,490円
複勝	1	390円
	2	210円
	7	710円
枠連	1-1	4,530円
馬連	1-2	4,130円

馬単	1-2	8,330円
ワイド	1-2	1,310円
	1-7	3,380円
	2-7	3,070円
3連複	1-2-7	27,560円
3連単	1-2-7	153,830円

CHAPTER : 2 「激走力」を構成する要素③「外的要素編」

血統から狙いをつける

◇種牡馬のイメージから、馬場の傾向を推測する

　競馬において、非常に重要な要素であるのが血統です。しかし、その知識は一朝一夕(いっちょういっせき)で身につくものではありません。覚えることも多岐にわたるので、以下の2点を押さえます。

①各種牡馬ごとの簡単なイメージを持つ

　簡単、かつ、柔軟に種牡馬ごとのイメージを持つようにします。「ディープインパクト産駒は瞬発力がある」や、「ハービンジャー産駒は時計が掛かる馬場に強い」などのようなもので十分です。

②好走馬の血統から、当日や開催を通じた馬場の傾向を推測する

　当日の芝で好走している種牡馬が、ハービンジャーやワークフォースで、ディープインパクト産駒が苦戦傾向だったとします。この場合、「時計が掛かる馬場に適性がある血統」が有利だと推測することができます。

　例を挙げると、2017年の第4～5回（10月7日～11月26日)京都開催では、3つのGIレースをハービンジャー産駒が勝ちました。悪天候が影響し、時計が掛かる馬場になったことが要因です。

　一方で、ディープインパクト産駒は、この年の京都開催で、GIレースを勝てませんでした。これは、初年度産駒が3歳だった2011年以来のことで、馬場の傾向がいかに影響したかがわかります。

　ただし、「種牡馬のイメージ」に加えて、「馬個体の成績」から適性を判断する必要もあります。ペルシアンナイトのように、体型や母系の特徴を継いで切れ味が鋭い末脚を武器とするハービンジャー産駒がいれば、ディアドラのように重馬場で力を出せる馬もいます。

2017年第4～5回（10月7日～11月26日）の京都開催でGIレースを勝ったハービンジャー産駒

- 秋華賞　ディアドラ　芝2000m　重馬場
- エリザベス女王杯　モズカッチャン　芝2200m　良馬場
- マイルCS　ペルシアンナイト　芝1600m　稍重馬場

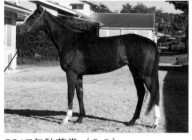

2017年秋華賞（GI）
優勝馬　ディアドラ

2017年エリザベス女王杯（GI）
優勝馬　モズカッチャン

2017年マイルCS（GI）
優勝馬　ペルシアンナイト

CHAPTER : 2 「激走力」を構成する要素③「外的要素編」

初ダートの狙い方を知る

◇盲点になりやすい「初ダート」とは？

　「初ダート」は、レース前に見極めることが難しい激走タイプのひとつです。特に2歳戦では、前走で後方から見せ場を作れなかった馬が、ダートで別馬のような強さを見せることがあります。ゆえに、初ダートの馬は、芝での着順にかかわらず検討しなければいけません。

　ダートに向く馬であるかどうかの見極めは、「血統」「馬体」「走法」など、多様な判断材料があります。その中で重視したいのは、芝向きの血統だと思われがちな種牡馬の、「初ダート」を狙うことです。

　代表的なのが、ネオユニヴァースとディープスカイ。ダービー馬なので、芝向きの種牡馬としてイメージされがちです。しかし実際には、ディープスカイ産駒のダート戦での3着内率は20.6％。芝の11.2％を大きく上回っている種牡馬なのです。人気の盲点となりやすく、ダートに替わったタイミングが狙い目です。

◇母、きょうだいから、ダート適性を測る

　さらに、父だけでなく、母ときょうだい馬の活躍コースも見ることがポイントです。きょうだい馬がダートばかり走っているのなら、その馬もダート向きであることが多いです。特に有名なきょうだい馬がいない場合は、人気もしないので狙い目となります。
　逆に、初ダートというだけで人気している馬には疑問を持ってみます。もちろん、ダート適性が高い可能性もありますが、このような馬は、枠順や性別など、「絶対データ」によるマイナス面が軽視されがちだからです。

2017年11月18日 京都3R 2歳未勝利 ダート1800m 重

単勝10番人気の⑥テイエムディランが初ダートで勝ち、波乱となったレースです。同馬はこれまで12着（4秒1差）、9着（2秒6差）、6着（0秒8差）。走る度に着順が上がっているものの、強調点が見つからないレース内容でした。

しかし、テイエムディランのきょうだい馬に注目してみると、2頭がダートで結果を残していることがわかります。

・テイエムダイパワー（父アドマイヤジャパン）→5歳の2月までは芝で活躍。その後にダートへ転向し1000万下、1600万下条件を勝利。
・メイショウワダイコ（父キンシャサノキセキ）→ダートで4勝。

加えて、管理する木原一良厩舎は2015年以降、ダート戦で勝った数が、芝での勝利数を大きく上回るという「厩舎の特徴」がありました。これらのことからも、テイエムディランのダート適性をイメージすることができます。

初ダートの狙い方を知る

着順	激走指数	激走印	馬名	性齢	斤量	騎手	人気	厩舎	馬体重
1着	44		テイエムディラン	牡2	55	田中健	10人	木原	462(+8)
2着	55		マイネルカイノン	牡2	55	シュタ	3人	宮	488(-4)
3着	51	激★	クリノカポネ	牡2	55	藤岡佑	5人	谷	460(±0)

着順	枠番	馬番	馬名	タイム	着差	コーナー通過順位	上がり3F（順位）
1着	3枠	6番	テイエムディラン	1:52.7		⑥⑥⑦⑤	37秒5 ①
2着	8枠	15番	マイネルカイノン	1:52.9	1 1/4	⑤⑤③③	37秒9 ④
3着	5枠	9番	クリノカポネ	1:53.2	1 3/4	⑬⑬⑨⑦	37秒7 ③

単勝	6	3,640円		馬単	6 - 15	34,060円
複勝	6	570円		ワイド	6 - 15	3,340円
	15	240円			6 - 9	8,770円
	9	260円			9 - 15	1,310円
枠連	3 - 8	770円		3連複	6 - 9 - 15	66,510円
馬連	6 - 15	13,330円		3連単	6 - 15 - 9	390,230円

CHAPTER : 2 「激走力」を構成する要素③「外的要素編」
不利からの巻き返しを狙う

◇パトロールビデオで不利を確認する習慣をつける

競馬では、レース中に不利を受けて、実力を出し切れない場合があります。

競馬の POINT! レース中の不利とは？
・スタートで出遅れた
・馬群に囲まれて、直線で追うことができなかった
・他馬に接触して減速した
・芝の塊（かたまり）や砂を被って嫌がった
・折り合い（騎手と馬との呼吸が合うこと）を欠いた

もし、このような不利がなければ、より良いパフォーマンスを発揮できていたのではないかと考えることができます。ですから、「能力指数」への補正として、「不利の有無」を確認することが大切です。

ただし、不利を受けたすべての馬が、次走で好走率が高くなるわけではありません。不利の内容によっては、次走以降もスタートで出遅れたり、馬群の外側を通らざるをえない危険性を秘めています。それぞれの馬に応じて、不利を精査すべきです。

レース中の不利は、パトロールビデオで確認できます。2017年1月14日からJRAのホームページで公開されているため、インターネットに接続できる環境が整っていれば、だれでも無料で全レースが見られるようになりました。不利の他にも、各馬の走法や適性、騎手の技量、パドックで見逃していた馬装具なども確認できるので、レースを見る目が養われます。

2017年12月3日 中京6R 3歳以上500万下 ダート1200m 良

⑧セングウの前走は、直線で最内を進んだことで前が壁になり、手綱を引いてブレーキを掛ける場面がありました。一度は大きく減速したものの、そこから盛り返して伸びて4着。この不利がなければ、0秒2（約1馬身）ほど速く走れたのではないかと推測できます。

今回も、馬群の中から競馬を進めることになりました。直線の入口では窮屈になったものの、しぶとく末脚を使って見事1着。今回は隣にいた馬が早めに後退したため、そこから進出することができました。

しかし、馬群の中から抜け出す競馬をする馬は、常に前が詰まるリスクがあることも確認できるレースでした。

前走で不利を受けながらも差を詰めた馬は、次走以降で注目します。

不利からの巻き返しを狙う

着順	激走指数	激走印	馬名	性齢	斤量	騎手	人気	厩舎	馬体重
1着	53		セングウ	牝5	54	岩崎	3人	加藤敬	482(±0)
2着	48	激★	タマモサザンクロス	牡3	53	富田	2人	藤沢則	448(-4)
3着	44		コスモクウェンチ	牡3	56	大野	9人	中川	486(-10)

着順	枠番	馬番	馬名	タイム	着差	コーナー通過順位	上がり3F（順位）
1着	4枠	8番	セングウ	1:12.8		⑥⑥⑥	36秒9 ③
2着	2枠	3番	タマモサザンクロス	1:12.8	ハナ	①②②	37秒3 ⑥
3着	5枠	10番	コスモクウェンチ	1:13.0	1 1/4	⑮⑩⑩	36秒8 ②

単勝	8	720円	馬単	8 - 3	4,100円
複勝	8	200円	ワイド	3 - 8	600円
	3	210円		8 - 10	2,910円
	10	800円		3 - 10	2,760円
枠連	2 - 4	720円	3連複	3 - 8 - 10	15,860円
馬連	3 - 8	1,800円	3連単	8 - 3 - 10	66,580円

新種のハミ
eハミとタンプレートハミ

66ページで説明したeハミは、形状以外にも特徴があります。これまで、ハミ身は主にステンレス素材のものが使われていましたが、eハミは、センソーガン（銅70～75％＋マンガン＋亜鉛）でできています。

センソーガンの効用

- 味がして唾液が分泌されることで、馬の満足感、自発性、やる気を増大させる
- マンガンによる酵素活性効果により、結合組織と筋肉を作り、エネルギー代謝を扶助する作用がある
- 筋緊張の防止とストレス軽減効果
- ハミにキズが付きにくく丈夫である

そしてタンプレートハミは、舌（tongue＝タン）を押さえる金属板（plate＝プレート）が付いているハミです。舌がハミを越す（舌を出す）馬や、騎手との呼吸が合わない馬などに効果があります。他のハミと同様に、タンプレートハミも、ハミ環がノーマル、エッグなどの形があります。

堀宣行厩舎の使用馬は勝率が非常に高く、松永幹夫厩舎が連対を、佐々木晶三厩舎は3着と「激走」の要因になっています。まだ使用している厩舎は少ないのですが、eハミ同様に効果が高いので注目です。

参考文献
『そうだったのか！今までの見方が180度変わる知られざる競馬の仕組み』
橋浜保子　2016年　ガイドワークス

3章　実践&データ編

CHAPTER:3　実践＆データ編
激走指数について

◇激走指数について

　ここまで、競馬における大切な考え方から、重視するべき予想材料を見てきました。

　これだけの量の予想材料を目の当たりにすると、一体どれを重視すればよいのか、見当がつかなくなるものです。全ての要素を、脳内で同時に処理することはできません。

　また、知識として知っているデータであっても、見落としてしまうこともあります。

　そこで、そんな悩みの解決策として作成したのが「激走指数」です。激走指数とは、本書で述べてきた要素ごとに「加点」と「減点」を行い、競走馬が今回のレースにおいて、

①どれだけのパフォーマンスが期待できるか
②配当的に妙味がある馬か

を指数化したものです。数値が高いほど、好走が期待できます。

　激走馬は、軸馬、相手となる馬を決める上でも重要なデータです。なお、情報を提供する時間の都合上、「激走指数」には、当日の馬場傾向や馬体重、そして直前のオッズなどの情報は含まれていません。その代わりに、近走のパドックにおける状態の変化を探り、「激走指数」に組み込んでいます。

現在、「激走指数」と「激走馬」は、スポーツ報知の競馬サイト「馬トク」でご覧いただけます。

　また、レースの約15分前からは、当日のパドックでの仕上がり評価や馬装具の変更、脚元の状態なども、「直前情報」として確認していただくことができます（2018年春公開予定）。

　巻末に「馬トク」サイトの活用法をまとめましたので、ぜひ「新しい予想」の参考にご活用ください。

注釈…「馬トク」サイトへのアクセスはこちらから。
　　　　https://umatoku.hochi.co.jp/

馬トクサイトのトップページ
注　サイトのデザインは変更となる場合がございます

CHAPTER : 3 　実践&データ編

馬トク激走指数の説明 1

馬トク指数とは？

　今回のレースに影響する要素を総合した指数です。

　各馬の各レースにおける、「走破時計」「出遅れ」「不利」「位置取り」「レース内容」などの要素で算出した能力指数をベースとしています。そこに、騎手や状態（調教や外厩情報）などの要素を加えて算出します。

　印は9種類あり、序列は◎○▲★△1△2△3△4☆の順番です。印の数が多ければ、レースの波乱度が高いことを示します。逆に、印が少ない場合は、人気通りの順当な決着になる見込みが高いことを意味します。

厩舎指数とは？

　「厩舎情報」と「人気の傾向」を用いて算出した指数です。

　「厩舎情報」は、情報専門紙の各記者の印を集計・分析し、特に成績が良い「番記者」を厩舎ごとに設定して算出します。この番記者が担当厩舎の馬にどのような印を打ったか、などを元にした、陣営の「意気込み」を探ることができる指数です。

気配の上昇
　陣営の勝負気配が高いと判断できた場合、気配の矢印が上向き（↗、↑）になります。番記者の印が前走よりも上がったと考えられるので、馬券的に注目できます。

2018年1月6日 1回京都1日

京都11R 京都金杯 G3

🕒 15:45 発走　オープン(国際)[指] ハンデ

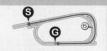

| 激走情報 | 馬トク出馬表 | 競走馬データ | 近5走BASIC | 近5走RACING | レース結果 |

馬番	大上	吉田	馬ト	馬名	騎手名	斤量	馬トク指数		コンディション指数		厩舎指数	気配	仕上指数	変化
❼	◎	▲	◎	レッドアンシェル	幸英明	56.0	66	◎	65	○	16	↗	56	→
⓭	★	△	○	クルーガー	浜中俊	57.5	63	○	66	◎	17	↗	70	→
❾	○	○	▲	ブラックムーン	武豊	57.0	56	▲	57	△	16	→	60	→
❽	:	:	★	ストーミーシー	大野拓	54.0	56	★	38		-4	→	72	↗
❷	▲	★	△	ラビットラン	藤岡康	54.0	55	△	60	▲	11	→	59	→
❿	:	:	△	スズカデヴィアス	藤岡佑	56.5	52	△	46		10	→	65	→
⓫	△	◎	:	キョウヘイ	高倉稜	55.0	51	△	49	△	3	→	66	→
❻	△	:	△	ダノンメジャー	北村友	56.5	51	△	41		-2	→	65	→
❹	:	:	:	アメリカズカップ	松山弘	56.0	47		38		-8	→	62	→
❸	:	:	:	マイネルアウラート	丹内祐	57.0	45		42		5	→	60	→
❶	:	:	:	マサハヤドリーム	岩崎翼	54.0	42		41		0	→	57	→
❺	△	△	:	カラクレナイ	池添謙	54.0	34		44		11	→	65	→
⓬	△	△	:	ウインガニオン	津村明	57.5	33		58	★	14	→	71	→

2018年1月6日　京都金杯（GⅢ）は、「馬トク指数」と「厩舎指数」の上位で決着

ブラックムーンのリゲルS（オープン）の成績

```
阪神12.9リゲルSOP         5
芝外1600速良 13ﾄ13ｸﾞ 2人
― ⑬⑬⑬ M 33.3 ❶ 1:33.6
Mデム58    506  レッドア04
```

⑨ブラックムーンの前走は、上がり3Fで最速の時計を出していました。差し馬に向く展開だったこともあり、1着に好走しました。

注　サイトのデザインは変更となる場合がございます

CHAPTER : 3　実践＆データ編
馬トク激走指数の説明2

仕上指数とは？

　各馬の仕上がりを示す指数です。

　中間の調教内容や、外厩情報（短期放牧情報）などから算出しており、休み明けや、トレセンに入厩したまま連戦する場合に、特に考慮すべき指数です。

　基準となる「60」ポイントは、「条件クラスの馬が力を出せる状態」を指します。すなわち、平場のレースであれば、仕上指数が60ポイント以上で良い仕上がりと判断できます。一方で、重賞で仕上指数が60ポイントよりも低い馬は、評価を下げます。

矢印の変化に注目！
　前走の「仕上指数」との変化を矢印で表しています。上向き（↗、↑）の矢印は、前走よりも状態が良くなったことを示しています。対して、下向き（↘、↓）の矢印は、前走よりも状態面が下降線をたどっていることを意味しているので注意が必要です。

コンディション指数とは？

　今回の競走において、各馬がどの程度の力を発揮できるかを数値化したものです。

　指数が高いほど好走が期待できます。能力と状態の両面から算出された指数なので、「馬トク指数」と「仕上指数」を合わせたものと考えればわかりやすいでしょう。

2018年2月17日 1回東京7日

東京11R ダイヤモンドステークス G3

⏰15:45 発走　オープン(国際)[指] ハンデ

| | 激走情報 | 馬トク出馬表 | 競走馬データ | 近5走 BASIC | 近5走 RACING | レース結果 |

馬番	大上	Hot	馬т	馬名	騎手名	斤量	馬トク指数		コンディション指数		厩舎指数	気配	仕上指数	変化
⑭	★	○	◎	フェイムゲーム	ルメー	58.5	78	◎	68	◎	29	↗	45	→
⑤	◎	▲	★	ホウオウドリーム	松岡正	52.0	52	★	62	○	19	↗	70	↗
③	▲	△	○	プレストウィック	戸崎圭	55.0	55	○	60	▲	16	→	60	→
①	△	△	▲	リッジマン	蛯名正	52.0	53	▲	59	★	13	↗	63	→
⑧	○	★	△	レジェンドセラー	田辺裕	54.0	51	△	57	△	9	→	68	→
⑥	△	◎	△	ソールインパクト	福永祐	54.0	52	△	55	△	5	→	64	→
⑦	△	:	:	リッチーリッチー	内田博	54.0	46		48		6	→	55	→
④	△	:	:	ラブラドライト	中谷雄	53.0	49		46		1	→	57	↗
⑫	:	△	△	グランアルマダ	三浦皇	54.0	50	△	44		-9	→	65	→
⑪	:	:	:	サイモントルナーレ	伊藤工	48.0	31		40		-6	↘	51	↘
⑩	:	:	:	ダウンザライン	石神深	48.0	41		40		-8	↘	66	↗
②	:	:	:	ハッピーモーメント	津村明	54.0	46		39		-12	→	62	↗
⑨	:	△	:	トウシンモンステラ	北村宏	53.0	48		38		-12	→	66	↑

2018年2月17日　ダイヤモンドS（GⅢ）は、「コンディション指数」1位の⑭フェイムゲームが勝利

フェイムゲームのダイヤモンドS（GⅢ）時の外厩情報

ハーツクライ	セ8		美 宗像義忠
フェイムゲーム			ノーザンファーム
ホールオブフェーム		サンデーR	中10週
アレミロード	追		**ノーザンF天栄**

コンディション指数1位の⑭フェイムゲームは、ノーザンファーム天栄で中間の調整が行われていました。

注　サイトのデザインは変更となる場合がございます

「激走力」147

CHAPTER : 3 実践&データ編
実践編

◇激走指数でレースを予想する

　この章では、実践編として、「激走指数」や「激走馬」をどのように扱ったらよいかを説明していきます。激走指数の活用ポイントは以下の通りです。

①激走指数が高い馬を狙う

　本書の内容通り、「激走指数が高い馬」を馬券の中心にします。しかし、激走指数1位の馬から、必ずしも購入する必要はありません。「激走指数が高い馬」の中からどの馬を選ぶかは、皆様の裁量にお任せします。ただし、「盤石馬（ばんじゃく）」がいるレースでは、その馬を素直に本命にすることが望ましいです。

②激走指数が低い人気馬を軽視する

　「激走指数（＝激走力）が低い人気馬」を、本命にしないように気をつけます。「激走指数が低い人気馬」を軽視できることで、馬券成績の向上につながります。3連複や3連単の相手で押さえる程度が妥当です。

③激走馬を積極的に狙う

　「激走馬」には配当的な妙味があるので、積極的に馬券に組み込みます。また、相手に迷ったときは、ひとまず「激走馬」を選択してみてください。特に「特注」および「激★」の激走印が表示された馬は、好走率が高いのでおすすめです。

　150ページから「実践編」として激走馬の好走例を紹介していますので、照らし合わせてみてください。

2018年2月18日 フェブラリーSの「馬トク」サイトのタテ版馬柱

「激★」の激走馬である⑫ノンコノユメが、2018年JRA最初のGIレースを制しました。「盤石」の⑭ゴールドドリームは2着で、「激走馬」2頭で決着したレースです。

ノンコノユメのフェブラリーS（GI）時の外厩情報

⑫ノンコノユメは、山元トレーニングセンターからの帰厩2走目でした。

「激走力」 149

CHAPTER : 3　実践&データ編
実践編1　激走馬3頭で決着

2018年1月20日　京都10R　若駒S（オープン）芝2000m　稍

　「激走指数が低い人気馬」が敗れ、激走馬3頭が1着から3着までを独占したレースです。

　⑧スーパーフェザー（1番人気）と⑥フォックスクリーク（2番人気）は、ノーザンファーム生産のディープインパクト産駒で、ともに1戦1勝。激走指数は前者が基準を下回る49ポイント（5番手）、後者は50ポイント（4番手）だったので、両馬は「激走力が低い人気馬」でした。

　このようなときは、他の「激走指数が高い馬」に注目します。

　「特注馬」④ケイティクレバーは、激走指数が53ポイントで1番手。前走の朝日杯FS（GⅠ・阪神芝1600m）で逃げたように、優れたダッシュ力が持ち味です。今回の激走理由は「好調教を見せる」と「ペースメーク力が高い」。レース当週の水曜日に行った調教が高評価され、先行することも予想できました。

　また、「激★」⑨マイハートビートの激走理由は「距離変化で好転」。前走も2000mを走っており、他にこの距離を経験している馬が少ないことから、相対的に評価が高くなっています。

　そして、同じく「激★」の①テイエムディランは、ダートに適性があり、「稍重の馬場状態」と「有利な1番枠」を理由に加点されていました。

　馬場状態も影響したとは思いますが、人気のスーパーフェザーは6着、フォックスクリークは5着に敗れ、3連単は11万馬券となりました。「激走力が低い人気馬」ではなく、「しっかりとした激走理由がある馬」を狙うことの重要さを物語るレースでした。

馬番	大上	吉田	馬ト	馬名	騎手名	斤量	馬トク指数	激印	激走指数	激印	激走要因
④	▲	▲	▲	ケイティクレバー	小林徹	56.0	54	▲	53	特注	①好調教を見せる ②ペースメーク力が高い
⑨	★	★	★	マイハートビート	津村明	56.0	52	★	51	激★	①2走前着順から期待高 ②距離変化で好転
①	:	:	△	テイエムディラン	田中健	56.0	48	△	50	激★	①好枠引き期待大 ②2走前着順から期待高
⑥	◎	◎	◎	フォックスクリーク	川田将	56.0	55	○	50		
⑧	○	○	○	スーパーフェザー	Mデム	56.0	71	◎	49		
②	△	△	:	バイオレントブロー	和田竜	56.0	46		49		
⑤	△	△	:	ウインラナキラ	松山弘	54.0	45		49		
⑦	:	:	:	ワタシヲマッテル	岩田康	54.0	37		45		
③	:	:	:	ビップレイジング	小牧太	56.0	42		36		

実践編1　激走馬3頭で決着

着順	激走指数	激走印	馬名	性齢	斤量	騎手	人気	厩舎	馬体重
1着	53	特注	ケイティクレバー	牡3	56	小　林	3人	目　野	444(±0)
2着	51	激★	マイハートビート	牡3	56	津　村	4人	高橋忠	446(-2)
3着	50	激★	テイエムディラン	牡3	56	田中健	8人	木　原	464(-4)

着順	枠番	馬番	馬名	タイム	着差	コーナー通過順位	上がり3F（順位）
1着	4枠	4番	ケイティクレバー	2:02.7		①①①①	34秒8 ②
2着	8枠	9番	マイハートビート	2:03.2	3	⑧⑨⑦⑦	34秒7 ①
3着	1枠	1番	テイエムディラン	2:03.2	ハナ	③③③②	35秒1 ③

単勝	4		450円	馬単	4-9	3,920円
複勝	4		230円	ワイド	4-9	540円
	9		400円		1-4	2,840円
	1		1,650円		1-9	3,990円
枠連	4-8		450円	3連複	1-4-9	20,480円
馬連	4-9		2,100円	3連単	4-9-1	110,240円

ケイティクレバーの朝日杯FS（GⅠ）の成績

阪神12.17朝日杯フGⅠ **11**
芝外**1600**速良　16ト15ゲ13人
－①①①H 35.5⑮ 1:34.8
小林徹55　　444 ダンプ15

④ケイティクレバーは、1600mのGⅠレースでも逃げられるダッシュ力がありました。

CHAPTER : 3　実践＆データ編

実践編2　外国産馬の「距離短縮」

**2018年1月8日 京都10R 羅生門S 4歳以上1600万下
ダート1400m 稍**

　基本的には、下級条件で多くみられる「外国産馬の距離短縮」。これが、上級条件においても当てはまった例です。

　羅生門Sには、「絶対に逃げたい馬」⑩スマートレイチェルがいました。先行力と京都ダート1400mの適性を兼ね備えているので、好走する可能性が高いと推測できます。しかし、同馬は500万下条件を勝った後は、牝馬限定戦でしか好走していません。牡馬と走る今回は「激走力が低い人気馬」だと判断しました。

　注目したのは、今回が二度目のダートとなる⑫ルグランフリソンです。初ダートの際は躓（つまず）いて出遅れる不利がありながらも6着。ダート適性を感じさせる内容でした。
　今回は、「外国産馬がダートで距離を短縮する」という、非常に激走力が高い条件に該当しています。「期待値高い外国産馬」という激走理由の通り狙い目です。
　もう1つの激走理由は、「前走馬番で不利」。ルグランフリソンの前走は、中山芝1600mで1番枠でした。スタートしてすぐに急なカーブがあるコース形態から、外枠が不利です。しかし、外側から被されやすい1番枠の成績も良くありません。定説とは逆のデータは、盲点となりやすいので注意が必要です。

　レースの結果は、ルグランフリソンが快勝。この週に中山金杯、フェアリーS、シンザン記念と重賞を3勝し、絶好調だった戸崎騎手の手綱に応えました。

馬番	大上	吉田	馬ト	馬名	騎手名	斤量	馬トク指数	激走指数	激印	激走要因
⑭	★	△	△	エポック	岩田康	57.0	57	△	56 激★	①距離変化で好転 ②ペースメーク力が高い
⑯	△	:	★	ナムラミラクル	秋山真	57.0	59	★	56 激★	①好枠引き期待大 ②距離変化で好転
⑮	▲	◎	▲	タイセイエクレール	Mデム	57.0	59	▲	54	
⑧	◎	★	◎	プリサイスエース	川田将	57.0	67	◎	53	
⑫	△	○	△	ルグランフリソン	戸崎圭	57.0	50	△	52 激△	①期待値高い外国産馬 ②前走馬番で不利
⑩	○	▲	○	スマートレイチェル	武 豊	54.0	61	○	50	
⑥	☆	△	△	メイショウアイアン	鮫島駿	57.0	54	△	50	
①	△	:	△	ナイトフォックス	池添謙	57.0	52	△	49	
②	:	△	:	ガンジー	小牧太	57.0	48		47	
④	:	:	:	ペプチドウォヘッド	四位洋	57.0	47		47	
⑤	:	:	:	チェリーサマー	松田大	57.0	49		46	
⑪	△	:	:	ピンストライプ	幸英明	57.0	28		45 特注	①好調教を見せる ②前走頭数から期待大
⑬	:	:	:	カネコメオスター	岩崎翼	57.0	39		44	
⑨	:	:	:	クールオープニング	北村友	57.0	49		43	
③	:	:	:	キセキノケイフ	松若風	57.0	46		43	
⑦	:	:	:	エリーティアラ	中谷雄	55.0	36		34	

実践編2　外国産馬の「距離短縮」

着順	激走指数	激走印	馬名	性齢	斤量	騎手	人気	厩舎	馬体重
1着	52	激△	ルグランフリソン	牡5	57	戸崎	5人	中 竹	492(+12)
2着	56	激★	エポック	牡5	57	岩田	3人	角 田	512(+8)
3着	54		タイセイエクレール	牡5	57	Mデム	1人	森 田	524(±0)

着順	枠番	馬番	馬名	タイム	着差	コーナー通過順位	上がり3F（順位）
1着	6枠	12番	ルグランフリソン	1:24.0		⑧⑧⑦	36秒4 ③
2着	7枠	14番	エポック	1:24.2	1	⑤⑤⑤	36秒8 ⑥
3着	8枠	15番	タイセイエクレール	1:24.4	1	⑩⑩⑨	36秒5 ④

単勝	12	860円
複勝	12	340円
	14	210円
	15	140円
枠連	6-7	2,330円
馬連	12-14	2,700円

馬単	12-14	5,870円
ワイド	12-14	1,340円
	12-15	760円
	14-15	470円
3連複	12-14-15	3,860円
3連単	12-14-15	27,420円

CHAPTER : 3　実践&データ編

実践編3「激走力が低い人気馬」を軽視する

2017年11月5日 東京9R 百日草特別 2歳500万下 芝2000m 良

　人気を集めていたのは、⑤シルヴァンシャーでした。池江泰寿厩舎のディープインパクト産駒で、鞍上はM・デムーロ騎手。一見すると、死角はありません。

　しかし、激走指数は、8頭立てで5番手と低い点が気になりました。
　同様に、6番手のダイワメモリー（母が名牝ダイワスカーレット）も、人気を考えると激走指数が物足りなく感じます。
　すなわち、この2頭は、血統や前走の着順から過剰に人気になっている「激走力が低い人気馬」であると判断できました。

　注目したのは、「特注」の激走馬④ディロスです。管理する木村哲也厩舎は、2017年の10月には15頭を出走させ、そのうち9頭が3着内に好走。厩舎に勢いがありました。総合的な能力も上位であることから、「激走力の高い人気馬」として信頼できます。

　相手には、①ナスノシンフォニーを選びました。激走馬には該当していませんが、「福島から東京へのコース替わり」と「ノーザンファーム空港から帰厩した初戦」という加点が目立っていたからです。

　結果はディロスが3着、ナスノシンフォニーが2着でした。シルヴァンシャーは、ディロスから3馬身離された4着に終わりました。
　死角がないと思える馬でも、実は激走力が低かったという好例です。

　芝・ダートともに、新馬戦を勝ったばかりの人気馬は、「激走力」が低くないかを確認することが大切です。

馬番	大上	Hot	馬ト	馬名	騎手名	斤量	馬トク指数	馬印	激走指数	激印	激走要因
❹	◎	▲	◎	ディロス	戸崎圭	55.0	69	◎	52	特注	①能力指数が上位 ②厩舎が好調
❸	:	:	〇	ギャンブラー	石橋脩	55.0	58	〇	51	激★	①斤量補正で浮上 ②前走頭数から期待大
❻	:	:	△	スターフィールド	大 野	55.0	49	△	50	激★	①近走頭数から期待大 ②距離変化で好転
❶	★	★	▲	ナスノシンフォニー	吉田隼	54.0	50	▲	49		
❺	〇	◎	★	シルヴァンシャー	Mデム	55.0	49	★	49		
❽	△	△	:	ダイワメモリー	内田博	54.0	48		47		
❷	▲	〇	:	ゴーフォザサミット	シュミ	55.0	38		47		
❼	:	:	:	スピアーノ	松 岡	54.0	38		42		

実践編3 「激走力が低い人気馬」を軽視する

着順	激走指数	激走印	馬名	性齢	斤量	騎手	人気	厩舎	馬体重
1着	47		ゴーフォザサミット	牡2	55	シュミ	4人	藤沢和	492(±0)
2着	49		ナスノシンフォニー	牝2	54	吉田隼	5人	武 井	460(+4)
3着	52	特注	ディロス	牡2	55	戸 崎	2人	木 村	498(+6)

着順	枠番	馬番	馬名	タイム	着差	コーナー通過順位	上がり3F(順位)
1着	2枠	2番	ゴーフォザサミット	2:00.9		③③③③	33秒6 ①
2着	1枠	1番	ナスノシンフォニー	2:01.0	1/2	⑤⑤④③	33秒6 ①
3着	4枠	4番	ディロス	2:01.0	クビ	②②①①	34秒2 ⑤

単勝	2	1,090円		馬単	2 - 1	8,460円
複勝	2	230円		ワイド	1 - 2	1,080円
	1	250円			2 - 4	360円
	4	130円			1 - 4	480円
枠連		発売なし		3連複	1 - 2 - 4	2,980円
馬連	1 - 2	3,840円		3連単	2 - 1 - 4	30,920円

ディロスの野路菊S(オープン)の成績

```
阪神9.16 野路菊SOP     2
芝外1800重     9ト6ゲ 2人
—⑤⑤⑤ S 33.6④ 1:49.7
ルメー54   492 ワグネリ04
```

新馬戦後、オープン特別で2着という実績がありました。勝ち馬は、後に東京スポーツ杯2歳S(GⅢ・東京芝1800m)を制したワグネリアンです。

CHAPTER : 3　実践&データ編

実践編4 「不利を受けた馬」と「コース巧者」

2017年11月5日 東京10R 晩秋S 3歳以上1600万下ダート2100m 良

　注目したのは、激走馬の⑦メイプルブラザーです。前走はドロドロの田んぼのような不良馬場で7着。コーナーや直線入口でのロスが目立ちながらも、ジリジリと差を詰めて、0秒3差という悪くない内容でした。

　今回の激走理由が「上位騎手騎乗」となっていたのは、当時、関東リーディング1位だった戸崎圭太騎手への乗り替わりが好材料として加点されたからです。同馬は東京ダート2100mでの好走実績こそありませんが、前走での不利を考えれば、巻き返しが期待できました。

　2017年の10月は、土曜と日曜に集中して大雨が降るという、特殊な馬場での開催が目立ちました。人気馬は、東京ダート2100mでの好走実績があるものの、10月の水が浮いたダートで好走していた馬ばかりです。

　晩秋Sは良馬場で行われることもあり、重馬場で好走してきた馬にコース適性があるとは感じません。悪い馬場で走った反動も懸念されるので、「前走の着順だけで人気になっている馬」だと判断しました。

　そこで、相手に選んだのが④レッドサバス。激走指数は51ポイント（4番手）ですが、基準の50ポイント以上は出しているので問題ありません。東京ダート2100mでは3戦して全て馬券圏内。他にコース巧者が見当たらない今回は、好走できると判断しました。

　レースではメイプルブラザーが勝ち、レッドサバスが3着に入りました。「コース適性がある馬」を正しく選択し、「前走の着順だけで人気になっている馬」を軽視できたことで、的中につながったケースです。

馬番	大上	Hot	馬トト	馬名	騎手名	斤量	馬トク指数	激走指数	激印	激走要因
⑧	:	▲	◎	トウカイエントリー	蛯名正	57.0	66	54	◎	
❷	★	△	▲	コパノアラジン	Mデム	57.0	57	54	激★	①騎手が好調 ②上位騎手騎乗
❻	○	◎	★	アポロテキサス	内田博	57.0	56	53	★	
❹	▲	○	○	レッドサバス	福　永	57.0	58	51	○	
⑦	△	:	△	メイプルブラザー	戸崎圭	55.0	55	51	激★	①上位騎手騎乗 ②2走前着順から期待高
❸	◎	:	:	マイネルトゥラン	柴田大	57.0	47	50		
⓫	:	△	:	バイオンディップス	田中勝	57.0	49	50		
❿	:	:	△	マイネルオフィール	シュタ	57.0	50	49	△	
❺	△	△	:	ウインユニファイド	田　辺	57.0	48	48		
⓬	:	:	△	クロフネビームス	吉田豊	55.0	50	47	△	
❶	△	★	:	ノーブルサターン	鮫島良	55.0	36	47		

実践編4 「不利を受けた馬」と「コース巧者」

着順	激走指数	激走印	馬名	性齢	斤量	騎手	人気	厩舎	馬体重
1着	51	激★	メイプルブラザー	牡3	55	戸　崎	5人	山　内	466(±0)
2着	49		マイネルオフィール	牡5	57	シュタ	12人	飯田雄	484(-4)
3着	51		レッドサバス	牡5	57	福　永	1人	松　田	482(-4)

着順	枠番	馬番	馬名	タイム	着差	コーナー通過順位	上がり3F（順位）
1着	6枠	7番	メイプルブラザー	2:10.1		⑪⑪⑫⑫	37秒0 ①
2着	7枠	10番	マイネルオフィール	2:10.1	アタマ	②②③③	38秒0 ④
3着	4枠	4番	レッドサバス	2:10.2	クビ	⑨⑩⑩⑨	37秒3 ②

単勝	7	710円		馬単	7 - 10	51,410円
複勝	7	250円		ワイド	7 - 10	9,290円
	10	1,810円			4 - 7	760円
	4	160円			4 - 10	6,030円
枠連	6 - 7	2,550円		3連複	4 - 7 - 10	46,060円
馬連	7 - 10	35,340円		3連単	7 - 10 - 4	304,470円

メイプルブラザーの2017年10月15日の成績

東京ダ2100不良5ゲ　7
▷ ⑥⑥⑨⑬ 大 H 2:08.8
追う 37.0⑥ 前壁 37.4❷
内田博 16ト R中頭高 0秒3

当初は6番手を進んでいたものの、位置取りが後ろになり、そこから巻き返したことがわかります。

CHAPTER : 3　実践&データ編

実践編5　末脚は天賦(てんぷ)の才

2017年9月30日 阪神9R ヤマボウシ賞2歳500万下 ダート1400m 良

　ヤマボウシ賞では、③レディバードと⑤ドンフォルティスが人気を分けていました。
　両馬は新馬戦でも対戦しており、当時はレディバードが0秒6の差を付けて先着。その時の印象が強いのか、レディバードが1番人気になっていました。

　しかし、「激走指数」を確認すると、1位はドンフォルティスで、レディバードより8ポイントも高かったのです。

　というのも、ドンフォルティスが未勝利戦で出した上がり3F36秒3は、2012年の中京競馬場改修以降、2歳のダート1200mで最速の時計でした。この「末脚」が激走指数に高く加点されていたのです。

　一方で、レディバードの未勝利戦は牝馬限定戦で、重馬場でも1分26秒を切れておらず、強調点を欠くものでした。今回は牡馬との対戦となり、「牝馬の2歳ダート戦」という減点がなされていました。

　結果は、ドンフォルティスが再び鋭い決め手を披露して、2着に3馬身の差を付け圧勝。レディバードは5着でした。
　この後、ドンフォルティスは北海道2歳優駿（JpnⅢ）を制し、全日本2歳優駿（JpnⅠ）でも、大きな不利を受けながら2着に好走。短距離では世代屈指のパフォーマンスを示しています。

　このように、ダートにおいても、末脚は能力の尺度として活用することができます。

馬番	大上	吉田	馬ト	馬名	騎手名	斤量	馬トク指数		激走指数	激印	激走要因
❺	▲	◎	○	ドンフォルティス	武 豊	54.0	61	○	56		
⓫	★	▲	▲	サージュミノル	坂井瑠	54.0	53	▲	55		
❷	:	:	:	ニシノダンテ	高倉稜	54.0	47		49	激★	①前走頭数から期待大 ②期待値高い偶数馬番
❻	⌂	⌂	:	メイショウヒサカタ	福 永	54.0	47		49	激★	①脚長で推進力ある ②牝馬高期待値条件
❸	○	○	◎	レディバード	Mデム	54.0	78	◎	48		
❼	⌂	⌂	★	テイエムオスカー	松山弘	54.0	50	★	48		
⓭	:	⌂	:	ペガッソ	北村友	54.0	48		48		
❿	⌂	★	:	ハゼル	和 田	54.0	45		47		
❽	◎	:	:	オーロスターキス	川 島	54.0	44		47		
⓬	:	:	:	ナムラアッパレ	国分優	54.0	43		46		
❶	:	:	⌂	ブルベアジネンジョ	秋 山	54.0	50	⌂	46		
❾	:	:	:	ヒロシゲゴールド	酒井学	54.0	41		45		

実践編5　末脚は天賦の才

着順	激走指数	馬名	性齢	斤量	騎手	人気	厩舎	馬体重
1着	56	ドンフォルティス	牡2	54	武 豊	2人	牧 浦	486(-6)
2着	47	オーロスターキス	牝2	54	川 島	10人	南 井	472(+4)
3着	48	テイエムオスカー	牡2	54	松 山	4人	山 内	470(+8)

着順	枠番	馬番	馬名	タイム	着差	コーナー通過順位	上がり3F(順位)
1着	4枠	5番	ドンフォルティス	1:25.0		⑨⑧⑧	36秒8 ①
2着	6枠	8番	オーロスターキス	1:25.5	3	①①①	38秒0 ⑤
3着	5枠	7番	テイエムオスカー	1:25.5	クビ	⑤⑥④	37秒4 ②

単勝	5	350円	馬単	5 - 8	9,720円
複勝	5	170円	ワイド	5 - 8	2,510円
	8	910円		5 - 7	720円
	7	320円		7 - 8	5,400円
枠連	4 - 6	2,940円	3連複	5 - 7 - 8	23,210円
馬連	5 - 8	5,750円	3連単	5 - 8 - 7	85,460円

ドンフォルティスの未勝利戦の成績

中京7.22 2歳未勝利　**1**
ダ1200良　15ト1ヶ　1人
―⑥⑦⑤ M 36.3 ❶ 1:12.6
Mデム54　492　マッスル05

4コーナーを5番手で通過、上がり3F最速の時計を出しました。

CHAPTER : 3　実践&データ編

実践編 6　盤石馬から激走馬に

2017年10月1日 中山11R スプリンターズS（GⅠ）芝1200m 良

　2017年のスプリンターズSでは、「激走馬」が3着までを独占しました。

　中心は、激走指数1番手で「盤石馬」の⑧レッドファルクスです。1600mの安田記念でも3着に好走していましたが、やはりベストは1200m。激走理由を見ても、距離の短縮で大きく加点されていました。「盤石」という印の通り、減点材料が見つからず、信頼できる軸馬です。

　相手には、激走馬を中心に3頭を選択しました。特に、先行馬に不利な展開でも高いパフォーマンスを見せ、ともに「前走ペース不利あり」という激走理由の③セイウンコウセイと⑥ワンスインナムーンに注目していました。

　レースでは、レッドファルクスが鋭い伸びを見せて見事連覇を達成。2着には「激走馬」②レッツゴードンキが、3着には「特注馬」ワンスインナムーンが入りました。「盤石馬」から「激走馬」を中心にするだけで、GⅠを的中させることができるという例でした。

　「激走指数」が公開された2017年のスプリンターズSから、GⅠレースは12レース（JRAのみ。障害レースを除く）行われました。そのうち「盤石馬」は4頭いて、2勝、3着1回という成績でした。また、「盤石」以外の「激走馬」が5勝を挙げたように、GⅠレースでも好走が目立っています。2018年以降のGⅠレースでも、ぜひ参考にしてみてください。

馬番	大上	Hot	馬▲	馬名	騎手名	斤量	馬トク指数		激走指数	激印	激走要因
❽	◎	◎	◎	レッドファルクス	Mデム	57.0	81	◎	57	盤石	①距離変化で好転 ②能力指数が上位
❸	▲	★	▲	セイウンコウセイ	幸	57.0	55	▲	56	激★	①前走ペース不利あり ②脚長で推進力ある
❷	△	○		レッツゴードンキ	岩田康	55.0	46		55	激★	①距離変化で好転 ②好枠引き期待大
⓭	△	▲	○	ファインニードル	内田博	57.0	57	○	52	激△	①厩舎が好調 ②2走前着順から期待高
❾	△	△	△	メラグラーナ	戸崎圭	55.0	53	△	52		
❻	★	△		ワンスインナムーン	石橋脩	55.0	44		52	特注	①前走ペース不利あり ②距離変化で好転
⓾			△	ビッグアーサー	福永	57.0	50	△	50		
❼				ダイアナヘイロー	武豊	55.0	48		48		
❹				フィドゥーシア	三浦皇	55.0	48		48		
⓫	△			モンドキャンノ	池添	55.0	40		48		
⓰		△	★	ダンスディレクター	浜中	57.0	54	★	48		
❺				ラインミーティア	西田	57.0	48		47		
⓯	○			シュウジ	横山典	57.0	34		47		
⓮			△	ネロ	勝浦	57.0	51	△	46		
⓬				ブリザード	モッセ	57.0	44		46		
❶				スノードラゴン	大野	57.0	48		45		

実践編6 盤石馬から激走馬に

着順	激走指数	激走印	馬名	性齢	斤量	騎手	人気	厩舎	馬体重
1着	57	盤石	レッドファルクス	牡6	57	Mデム	1人	尾関	474(±0)
2着	55	激★	レッツゴードンキ	牝5	55	岩田	5人	梅田	496(±0)
3着	52	特注	ワンスインナムーン	牝4	55	石橋	7人	斎藤誠	452(±0)

着順	枠番	馬番	馬名	タイム	着差	コーナー通過順位	上がり3F(順位)
1着	4枠	8番	レッドファルクス	1:07.6		⑧⑪⑩	33秒0 ②
2着	1枠	2番	レッツゴードンキ	1:07.6	クビ	⑥⑨⑦	33秒1 ④
3着	3枠	6番	ワンスインナムーン	1:07.7	1/2	①①①	33秒8 ⑫

単勝	8		320円	馬単	8-2		2,890円
複勝	8		140円	ワイド	2-8		630円
	2		300円		6-8		860円
	6		350円		2-6		2,100円
枠連	1-4		1,470円	3連複	2-6-8		7,650円
馬連	2-8		1,760円	3連単	8-2-6		31,850円

CHAPTER : 3　実践&データ編

実践編7　先行馬が止まらない

2017年12月9日 中山9R 霞ヶ浦特別 3歳以上1000万下 芝1800m 良

1番人気は、⑩ゴールドスミスでした。鞍上が戸崎圭太騎手で、近走も安定しており、不安点がないことが人気の理由です。しかしながら、激走指数は50ポイント（5番手）と、あまり高くありません。基準の50ポイントはクリアしているので、勝ち負けにはなると推測できますが、取りこぼしがあってもおかしくない数字です。

このレースで、「激走馬」に該当したのは、⑥ラッシュアタックと⑧シャインアローの2頭。

特に注目したのが、ラッシュアタックです。同馬は「前走からの頭数変化」で大きく加点されています。前走は16頭立てでしたが、今回は12頭立て。よりスムーズに競馬ができるだろうという加点があり、激走指数は51ポイント（3番手）でした。

また、同馬と好相性を誇る、木幡巧也騎手への乗り替わりも魅力です。先行力があり、ノーザンファーム天栄からの帰厩初戦もプラス評価。7番人気の馬にしては、激走力の加点材料が多く揃っていました。

そこで、人気のゴールドスミスと①スマートエレメンツを中心にし、激走馬2頭を絡めます。

結果、ラッシュアタックが3着に好走。人気を集めたゴールドスミスが8着に敗れたため、ワイドも好配当となりました。

このように、「激走指数が高い人気馬の相手として激走馬を選ぶ」、「激走馬からワイドで流す」という作戦は、的中率と配当の両面からおすすめです。

馬番	大上	Hot	馬上	馬名	騎手名	斤量	馬トク指数	激走指数	激印	激走要因
⑧	△	△	▲	シャインアロー	松 岡	57.0	58 ▲	52	激★	①前走馬番で不利 ②能力指数が上位
❶	△	△	★	スマートエレメンツ	三浦皇	56.0	53 ★	51		
⑥	:	:	△	ラッシュアタック	木幡巧	57.0	50 △	51	激★	①前走頭数から期待大 ②馬体重あり馬格上位
⑫	▲	△	○	クラウンディバイダ	大 野	57.0	60 ○	51		
⑩	○	○	◎	ゴールドスミス	戸崎圭	56.0	67 ◎	50		
❹	★	▲	△	テスタメント	杉 原	57.0	50 △	50		
⑪	:	△	△	フジマサエンペラー	柴山雄	57.0	52 △	48		
⑨	△	:	:	サンシロウ	柴田善	56.0	37	48		
❼	◎	○	△	ジョンブドール	シュミ	55.0	51 △	47		
❸	:	:	:	フィールドシャルム	田中勝	57.0	49	45		
❷	△	:	:	ケルフロイデ	内田博	57.0	30	45		

実践編7 先行馬が止まらない

着順	激走指数	激走印	馬名	性齢	斤量	騎手	人気	厩舎	馬体重
1着	51		クラウンディバイダ	牡4	57	大 野	3人	斎藤誠	472(+8)
2着	51		スマートエレメンツ	牡3	56	三 浦	2人	鹿 戸	502(±0)
3着	51	激★	ラッシュアタック	牡5	57	木幡巧	7人	菊 川	506(+10)

着順	枠番	馬番	馬名	タイム	着差	コーナー通過順位	上がり3F（順位）
1着	8枠	12番	クラウンディバイダ	1:48.7		②②②①	35秒3 ⑪
2着	1枠	1番	スマートエレメンツ	1:49.3	3 1/2	⑤⑤⑤⑤	33秒9 ②
3着	5枠	6番	ラッシュアタック	1:49.3	アタマ	③③④③	34秒2 ⑥

単勝	12	1,060円		馬単	12-1	4,780円
複勝	12	290円		ワイド	1-12	530円
	1	180円			6-12	2,320円
	6	550円			1-6	1,120円
枠連	1-8	1,690円		3連複	1-6-12	11,320円
馬連	1-12	1,720円		3連単	12-1-6	65,920円

ラッシュアタックの近3走

中山9.30習志野特1000　9
芝内2000速良　16ト5ゲ12人
②③⑤③ S 35.9⑩ 2:00.0
吉田隼57　496　オウケン05

中山9.10 3歳上500　1
芝内1800速良　15ト4ゲ4人
⑤⑤⑥④ M 34.4④ 1:47.6
木幡巧56☆ 496　ラベンダ00

福島7.15 3歳上500　4
芝1800速良　16ト2ゲ4人
④⑤⑥⑤ H 35.5⑤ 1:47.3
野中悠54▲ 498　シャララ04

常に先行できている点に注目します。

CHAPTER : 3   実践＆データ編

実践編8 盤石馬と末脚

2017年10月22日 東京12R 3歳以上1000万下 ダート1600m 不

「盤石馬」と「激走馬」が好走したレースです。

⑤リヴェルディは、2走前の青梅特別（1000万下・東京ダート1600m）で、不利な1枠から3着に好走した実績があります。

そのため、「コース適性の高さ」と「中山ダート1800mからのコース替わり」による加点などが合わさって、今回は激走指数が56ポイント（1番手）の「盤石馬」になっていました。「能力指数が高い」「ペースメーク力が高い」という激走理由の通り、先行してそのまま押し切れると判断しました。

相手候補は、「激走指数が高い激走馬」3頭です。⑥エニグマは、このレースまで7戦続けて上がり3F最速の時計を出していたように、末脚が秀逸です。

500万下条件を勝った際の上がり3Fの時計は、メンバー中最速の36秒3。2番目に速かった馬が37秒3だったので、それより1秒も速い上がり3Fの時計を出していました。今回は400mの距離延長となりますが、自慢の末脚を活かせるとみました。

レースでは、距離延長だったエニグマが先行する展開になりました。エニグマは、迫ってきたリヴェルディをデッドヒートの末に凌いで優勝。4コーナーを4番手で通過して、上がり3Fの順位は2番手と、優秀な末脚を披露しました。

3着にも「激★」の⑮リヴァイアサンが入り、「激走馬」3頭で決着しました。

馬番	大上	Hot	馬印	馬名	騎手名	斤量	馬トク指数	激走指数	激印	激走要因
❺	○	◎	◎	リヴェルディ	吉田隼	55.0	83	56	◎ 盤石	①能力指数が上位 ②ペースメーク力が高い
⑫	△	△	▲	エグジットラック	柴山雄	55.0	51	55	▲ 激★	①末脚性能が上位 ②期待値高い偶数馬番
⑭	取	消		トレンドライン	三浦皇	55.0	49	54		
⑮	△	△	:	リヴァイアサン	大野	55.0	48	53	激★	①好枠引き期待大 ②前走馬番で不利
❻	▲	▲	○	エニグマ	吉田豊	55.0	55	52	○ 激△	①厩舎が好調 ②末脚性能が上位
⑪	◎	△	:	ベバスカーン	内田博	57.0	48	50		
❷	:	△	:	ジュガンティーヤ	横山和	57.0	48	50		
❽	★	○	:	フィールザプリティ	北村宏	55.0	48	49		
❹	:	:	:	ブルーボサノヴァ	松山弘	55.0	49	49		
❼	:	★	:	シベリウス	村田	57.0	49	49		
❶	△	:	△	ロックキャンディ	野中悠	52.0	50	47	△	
❸	△	:	★	コパノビジン	武藤雅	52.0	50	47	★	
❾	:	:	:	キータイプ	荻野極	56.0	41	43		
⑩	:	:	:	サトノダヴィンチ	田中勝	57.0	39	43		
⑬	:	:	:	ダイメイリシャール	高倉稜	57.0	42	42		

実践編8　盤石馬と末脚

着順	激走指数	激走印	馬名	性齢	斤量	騎手	人気	厩舎	馬体重
1着	52	激△	エニグマ	牡3	55	吉田豊	3人	高橋文	496(+2)
2着	56	盤石	リヴェルディ	牡3	55	吉田隼	1人	中川	520(±0)
3着	53	激★	リヴァイアサン	牡3	55	大野	2人	相沢	504(-4)

着順	枠番	馬番	馬名	タイム	着差	コーナー通過順位	上がり3F（順位）
1着	4枠	6番	エニグマ	1:37.2		⑤⑤④	35秒7 ②
2着	3枠	5番	リヴェルディ	1:37.2	クビ	⑤⑦⑥	35秒5 ①
3着	8枠	15番	リヴァイアサン	1:37.6	2 1/2	②②②	36秒3 ⑨

単勝	6	650円	馬単	6 - 5	2,450円
複勝	6	210円	ワイド	5 - 6	430円
	5	130円		6 - 15	900円
	15	190円		5 - 15	380円
枠連	3 - 4	710円	3連複	5 - 6 - 15	2,040円
馬連	5 - 6	940円	3連単	6 - 5 - 15	13,740円

データ集1 2017年外厩別の成績（勝率順）

順位	外厩名	総数	1着	2着	3着	着外
1	ノーザンF早来	129	23	17	6	83
2	ノーザンF天栄	1,446	220	159	129	938
3	ノーザンF空港	169	25	15	13	116
4	遠野馬の里	52	7	5	2	38
5	ノーザンFしがらき	1,908	214	196	180	1,318
6	ミッドウェイF	132	14	12	12	94
7	アップヒル	189	18	12	13	146
8	社台F	53	5	7	1	40
9	チャンピオンズF (awaji)	107	10	7	9	81
10	ミホ分場	173	16	27	18	112
11	EISHIN STABLE	65	6	4	6	49
12	山元トレーニングC	1,052	93	94	90	775
13	グリーンウッド	1,296	111	97	112	976

順位	外厩名	勝率	連対率	3着内率	単勝回収値	複勝回収値
1	ノーザンF早来	17.8%	31.0%	35.7%	114円	65円
2	ノーザンF天栄	15.2%	26.2%	35.1%	90円	79円
3	ノーザンF空港	14.8%	23.7%	31.4%	73円	72円
4	遠野馬の里	13.5%	23.1%	26.9%	98円	62円
5	ノーザンFしがらき	11.2%	21.5%	30.9%	72円	79円
6	ミッドウェイF	10.6%	19.7%	28.8%	81円	75円
7	アップヒル	9.5%	15.9%	22.8%	149円	85円
8	社台F	9.4%	22.6%	24.5%	29円	48円
9	チャンピオンズF (awaji)	9.4%	15.9%	24.3%	63円	63円
10	ミホ分場	9.3%	24.9%	35.3%	53円	117円
11	EISHIN STABLE	9.2%	15.4%	24.6%	91円	83円
12	山元トレーニングC	8.8%	17.8%	26.3%	74円	77円
13	グリーンウッド	8.6%	16.1%	24.7%	82円	78円

50件以上。新馬戦を含む、外厩から帰厩した初戦のみ

目を引くのは、ノーザンファーム系列の4外厩です。「天栄」「しがらき」「空港」「早来」のいずれも高い好走率を誇ります。藤沢和雄厩舎や鹿戸雄一厩舎とつながりが深い、ミホ分場も好成績です。

データ集2 2017年外厩別の成績（勝率順）芝のみ

順位	外厩名	総数	1着	2着	3着	着外
1	ノーザンF早来	100	18	16	5	61
2	ノーザンF天栄	969	159	120	79	611
3	ノーザンF空港	118	19	11	9	79
4	ノーザンFしがらき	1,288	164	132	126	866
5	ミッドウェイF	77	9	7	7	54
6	ケイアイF千葉	54	6	5	4	39
7	アカデミー牧場	93	9	3	2	79
8	ミホ分場	95	9	8	12	66
9	山元トレーニングC	563	47	49	59	408
10	グリーンウッド	700	58	49	64	529
11	吉澤ステーブルWEST	593	44	47	52	450
12	西山牧場阿見分場	167	12	8	10	137
13	栗山育成牧場	167	12	1	7	147

順位	外厩名	勝率	連対率	3着内率	単勝回収値	複勝回収値
1	ノーザンF早来	18.0%	34.0%	39.0%	130円	73円
2	ノーザンF天栄	16.4%	28.8%	37.0%	92円	78円
3	ノーザンF空港	16.1%	25.4%	33.1%	83円	76円
4	ノーザンFしがらき	12.7%	23.0%	32.8%	75円	81円
5	ミッドウェイF	11.7%	20.8%	29.9%	127円	94円
6	ケイアイF千葉	11.1%	20.4%	27.8%	113円	57円
7	アカデミー牧場	9.7%	12.9%	15.1%	89円	46円
8	ミホ分場	9.5%	17.9%	30.5%	60円	83円
9	山元トレーニングC	8.4%	17.1%	27.5%	55円	77円
10	グリーンウッド	8.3%	15.3%	24.4%	91円	74円
11	吉澤ステーブルWEST	7.4%	15.4%	24.1%	47円	65円
12	西山牧場阿見分場	7.2%	12.0%	18.0%	107円	59円
13	栗山育成牧場	7.2%	7.8%	12.0%	109円	63円

50件以上。新馬戦を含む、外厩から帰厩した初戦のみ

2017年は、ミッドウェイファーム（茨城県）から帰厩した馬の好走が目立ちました。ダーレー・グループ、主にUAE（アラブ首長国連邦）のモハメド殿下の所有馬の調整を担っており、注目の外厩です。

「激走力」 167

データ集3 2017年外厩別の成績（勝率順）ダートのみ

順位	外厩名	総数	1着	2着	3着	着外
1	チャンピオンズF (awaji)	53	8	4	1	40
2	ノーザンF天栄	440	57	34	47	302
3	アップヒル	107	13	7	9	78
4	ノーザンF空港	50	6	3	4	37
5	ミホ分場	64	7	15	5	37
6	ヒイラギS（名張）	55	6	5	2	42
7	グリーンF甲南	152	15	5	7	125
8	山元トレーニングC	473	45	43	29	356
9	生田トレーニングF	76	7	5	6	58
10	ミッドウェイF	55	5	5	5	40
11	グリーンウッド	581	52	48	48	433
12	ノーザンFしがらき	589	48	62	53	426
13	オークヒルF	87	7	3	5	72

順位	外厩名	勝率	連対率	3着内率	単勝回収値	複勝回収値
1	チャンピオンズF (awaji)	15.1%	22.6%	24.5%	116円	57円
2	ノーザンF天栄	13.0%	20.7%	31.4%	86円	83円
3	アップヒル	12.2%	18.7%	27.1%	157円	84円
4	ノーザンF空港	12.0%	18.0%	26.0%	51円	60円
5	ミホ分場	10.9%	34.4%	42.2%	54円	180円
6	ヒイラギS（名張）	10.9%	20.0%	23.6%	75円	56円
7	グリーンF甲南	9.9%	13.2%	17.8%	118円	119円
8	山元トレーニングC	9.5%	18.6%	24.7%	96円	77円
9	生田トレーニングF	9.2%	15.8%	23.7%	113円	93円
10	ミッドウェイF	9.1%	18.2%	27.3%	17円	47円
11	グリーンウッド	9.0%	17.2%	25.5%	72円	85円
12	ノーザンFしがらき	8.2%	18.7%	27.7%	58円	73円
13	オークヒルF	8.1%	11.5%	17.2%	183円	73円

50件以上。新馬戦を含む、外厩から帰厩した初戦のみ

ダートでは、ミホ分場の3着内率が高く、他の外厩を大きく上回っています。チャンピオンズファーム（兵庫県・淡路島）、アップヒル（滋賀県）、ヒイラギステーブル（三重県・名張）も好成績です。

データ集4 2017年 相性が良い「外厩と厩舎」の組み合わせ（勝率順）

外厩名	厩舎名	総数	1着	2着	3着	着外
ノーザンFしがらき	堀宣行	42	16	3	1	22
ノーザンF天栄	和田正一郎	28	10	6	0	12
ノーザンFしがらき	中内田充正	29	8	3	3	15
吉澤ステーブルWEST	藤原英昭	41	11	8	3	19
ノーザンF天栄	藤沢和雄	58	15	12	5	26
ノーザンF天栄	小西一男	28	7	5	0	16
グリーンウッド	中内田充正	57	14	1	3	39
ノーザンF天栄	斎藤誠	31	7	1	4	19
ノーザンF天栄	国枝栄	82	17	11	6	48
ノーザンFしがらき	友道康夫	74	15	11	6	42
ノーザンFしがらき	池江泰寿	114	23	19	17	55
グリーンウッド	大久保龍志	25	5	4	1	15
ノーザンF天栄	手塚貴久	101	20	9	12	60

外厩名	厩舎名	総数	1着	2着	3着	着外
ノーザンFしがらき	堀宣行	38.1%	45.2%	47.6%	158円	85円
ノーザンF天栄	和田正一郎	35.7%	57.1%	57.1%	129円	112円
ノーザンFしがらき	中内田充正	27.6%	37.9%	48.3%	144円	85円
吉澤ステーブルWEST	藤原英昭	26.8%	46.3%	53.7%	97円	97円
ノーザンF天栄	藤沢和雄	25.9%	46.6%	55.2%	63円	76円
ノーザンF天栄	小西一男	25.0%	42.9%	42.9%	367円	120円
グリーンウッド	中内田充正	24.6%	26.3%	31.6%	126円	71円
ノーザンF天栄	斎藤誠	22.6%	25.8%	38.7%	212円	100円
ノーザンF天栄	国枝栄	20.7%	34.2%	41.5%	132円	98円
ノーザンFしがらき	友道康夫	20.3%	35.1%	43.2%	103円	106円
ノーザンFしがらき	池江泰寿	20.2%	36.8%	51.8%	67円	81円
グリーンウッド	大久保龍志	20.0%	36.0%	40.0%	86円	85円
ノーザンF天栄	手塚貴久	19.8%	28.7%	40.6%	123円	103円

25件以上。新馬戦を含む、外厩から帰厩した初戦のみ

1〜3番人気など、人気を限定すればさらに好走率は上がります。ただし、ブランド名にまどわされるのではなく、「激走力」の裏付けを精査するようにします。

データ集5 激走印×騎手の成績

激走印	騎手名	総数	1着	2着	3着	着外
盤石 安定	C・ルメール	43	25	7	6	5
盤石 安定	M・デムーロ	31	17	7	2	5
盤石 安定	川田将雅	16	11	4	0	1
盤石 安定	岩田康誠	11	8	0	1	2
特注	C・ルメール	23	10	2	4	7
特注	戸崎圭太	25	8	2	3	12
特注	M・デムーロ	22	7	4	2	9
特注	福永祐一	19	5	2	1	11
激★ 激△	和田竜二	62	8	6	8	40
激★ 激△	柴田大知	52	7	4	3	38
激★ 激△	石橋脩	52	6	4	5	37
激★ 激△	三浦皇成	53	5	6	6	36

激走印	騎手名	勝率	連対率	3着内率	単勝回収値	複勝回収値
盤石 安定	C・ルメール	58.1%	74.4%	88.4%	94円	103円
盤石 安定	M・デムーロ	54.8%	77.4%	83.9%	101円	95円
盤石 安定	川田将雅	68.8%	93.8%	93.8%	123円	107円
盤石 安定	岩田康誠	72.7%	72.7%	81.8%	132円	96円
特注	C・ルメール	43.5%	52.2%	69.6%	102円	108円
特注	戸崎圭太	32.0%	40.0%	52.0%	93円	75円
特注	M・デムーロ	31.8%	50.0%	59.1%	105円	79円
特注	福永祐一	26.3%	36.8%	42.1%	102円	63円
激★ 激△	和田竜二	12.9%	22.6%	35.5%	145円	81円
激★ 激△	柴田大知	13.5%	21.2%	26.9%	262円	119円
激★ 激△	石橋脩	11.5%	19.2%	28.9%	82円	69円
激★ 激△	三浦皇成	9.4%	20.8%	32.1%	90円	82円

「馬トク」サイトが無料公開された2017年9月2日～2017年12月31日まで

「盤石」「安定」の激走印が入った馬は、その名の通り「盤石」な成績を残しました。外国出身の騎手や川田騎手、岩田騎手が騎乗した際は特に好走率が高く、馬券の軸として信頼できます。

データ集6 激走印×馬トク印

激走印	馬トク印	総数	1着	2着	3着	着外
盤石・安定	◎	256	126	52	22	56
盤石・安定	○	2	1	1	0	0
特注	◎	115	35	25	14	41
特注	○	81	24	14	13	30
特注	▲	62	18	6	12	26
特注	★	47	9	6	7	25
特注	△1〜☆	100	6	11	14	69
激★・激△	◎	132	11	19	18	84
激★・激△	○	261	33	31	18	179
激★・激△	▲	397	33	32	63	269
激★・激△	★	533	45	57	62	369
激★・激△	△1〜☆	1,199	68	99	112	920

激走印	馬トク印	勝率	連対率	3着内率	単勝回収値	複勝回収値
盤石・安定	◎	49.2%	69.5%	78.1%	90円	90円
盤石・安定	○	50.0%	100.0%	100.0%	95円	135円
特注	◎	30.4%	52.2%	64.4%	60円	80円
特注	○	29.6%	46.9%	63.0%	108円	102円
特注	▲	29.0%	38.7%	58.1%	116円	94円
特注	★	19.2%	31.9%	46.8%	83円	75円
特注	△1〜☆	6.0%	17.0%	31.0%	30円	58円
激★・激△	◎	8.3%	22.7%	36.4%	58円	84円
激★・激△	○	12.6%	24.5%	31.4%	100円	78円
激★・激△	▲	8.3%	16.4%	32.2%	82円	77円
激★・激△	★	8.4%	19.1%	30.8%	103円	93円
激★・激△	△1〜☆	5.7%	13.9%	23.3%	91円	84円

「馬トク」サイトが無料公開された2017年9月2日〜2017年12月31日まで

「盤石・安定・特注の激走印」と、「馬トク指数の上位」の両方に該当した馬は、好走率が優れています。これらの馬は軸として狙い目です。

データ集7 激走指数の順位別成績

激走指数の順位	総数	1着	2着	3着	着外
1	1,127	299	200	124	504
2	1,128	217	201	151	559
3	1,124	133	127	149	715
4	1,128	134	113	144	737
5	1,122	85	106	118	813
6	1,120	73	93	89	865
7	1,117	49	60	75	933
8	1,116	42	67	73	934
9	1,065	29	44	51	941
10位以下	5,878	66	117	156	5,539

激走指数の順位	勝率	連対率	3着内率	単勝回収値	複勝回収値
1	26.5%	44.3%	55.3%	79円	85円
2	19.2%	37.1%	50.4%	101円	91円
3	11.8%	23.1%	36.4%	74円	78円
4	11.9%	21.9%	34.7%	106円	87円
5	7.6%	17.0%	27.5%	79円	78円
6	6.5%	14.8%	22.8%	75円	75円
7	4.4%	9.8%	16.5%	54円	58円
8	3.8%	9.8%	16.3%	94円	94円
9	2.7%	6.9%	11.6%	57円	61円
10位以下	1.1%	3.1%	5.8%	61円	59円

「馬トク」サイトが無料公開された2017年9月2日〜2017年12月31日まで

「激走指数の順位」は、好走率に大きく影響します。上位の馬は「勝率」「連対率」「3着内率」とも高いので、「激走指数が上位の馬」から馬券を組み立てることで的中につなげます。
　「激走指数の順位が高い激走馬」は特に好走率が高く、配当的な妙味も兼ね備えているので注目です。

データ集8 激走指数の数値別成績

激走指数	総数	1着	2着	3着	着外
60 以上	112	55	29	6	22
59	85	28	21	9	27
58	147	45	31	14	57
57	281	63	56	45	117
56	409	92	67	49	201
55	597	102	77	80	338
54	777	128	101	83	465
53	1,056	103	128	122	703
52	1,316	118	142	154	902
51	1,284	125	113	137	909
50	1,309	97	114	104	994
49 以下	8,552	171	249	327	7,805

激走指数	勝率	連対率	3着内率	単勝回収値	複勝回収値
60 以上	49.1%	75.0%	80.4%	109 円	105 円
59	32.9%	57.7%	68.2%	86 円	92 円
58	30.6%	51.7%	61.2%	93 円	92 円
57	22.4%	42.4%	58.4%	73 円	100 円
56	22.5%	38.9%	50.9%	75 円	86 円
55	17.1%	30.0%	43.4%	90 円	82 円
54	16.5%	29.5%	40.2%	89 円	80 円
53	9.8%	21.9%	33.4%	68 円	81 円
52	9.0%	19.8%	31.5%	67 円	74 円
51	9.7%	18.5%	29.2%	87 円	86 円
50	7.4%	16.1%	24.1%	94 円	85 円
49 以下	2.0%	4.9%	8.7%	65 円	62 円

「馬トク」サイトが無料公開された2017年9月2日〜2017年12月31日まで

激走指数は、「順位」と「数値」を合わせることで狙いを付けることができます。特に、激走指数が54ポイントを超えている馬の勝率が高いことに注目です。50ポイントあたりの馬は、「激走馬」に該当した場合に押さえます。

あとがき

　「ノーザンファームの一強体制」「外国出身の騎手によるＪＲＡの通年騎手免許の取得」「外厩の拡充」など、近年の競馬は短いスパンで劇的に様変わりしています。グローバリゼーション（世界化）のように、今の競馬を見ていると、今後も一極集中の流れが強まっていくのだろうと感じさせられます。

　また、競馬界も、ＡＩ（人工知能）の進化を避けては通れません。ＡＩを駆使して巨額の利益を生み出す、第３、第４の「馬券裁判男」が生まれるのも、想像に難くないでしょう。

　もしかすると、将来的には競馬中継にも、大きな変化が起こるかもしれません。将棋中継のように、ＡＩが示した各馬に対する評価値を元に、競馬評論家が解説を加えるという形式に変わっていくこともありえます。また、永く行われてきたトレセンのトラックコースの調教時計が、手動計測から自動計測に変わる日も、そう遠いことではないでしょう。

　しかし、今後どれだけ競馬を取り巻く環境が変わっても、我々がなす

プロフィール

村山　弘樹　Hiroki Murayama

大阪府出身。同志社大学法学部を卒業後、株式会社ＪＲＤＢ（Japan Racing Data Bank）に入社。「この条件で最も力を発揮できる馬」に着目した、「激走力」のスペシャリスト。主に調教や外厩データの解析とシステムの構築を担当している。
Ｔｗｉｔｔｅｒアカウント　@vm_jrdb

べきことに変わりはありません。競馬の「なぜ？」をビッグデータ（ＢＩＧ　ＤＡＴＡ）から探究し「激走力」を究（きわ）めていくだけです。

　ビッグデータと聞けば複雑な分析手法が想起され、非常に難しく思えます。しかし、膨大なデータも、結局は１つ１つの小さなデータが積み重なってできたものです。「競馬に無駄なデータはない」と意識して競馬に向き合っていただければと思います。本書で取り上げた激走力の考え方を遵守（じゅんしゅ）することで、確実に的中に近づくことができます。

　「激走指数のおかげで馬券が取れた」と、皆様からお言葉をいただけたなら、筆者として、これ以上の喜びはありません。

　最後になりましたが、本書の執筆にあたり、多大なるお力添えをいただきました皆様に、心から感謝いたします。

2018年４月吉日　村山　弘樹

激走力
ビッグデータが明かす激走馬

定価　1,200円（税別）
2018年4月6日初版1刷発行

著　者	村山弘樹（JRDB）
監　修	橋浜保子（JRDB）
発行人	白浜　浩
発行所	報知新聞社
	〒108-8485　東京都港区港南4-6-49
電　話	03-5479-1285（出版部直通）
印刷所	凸版印刷株式会社

©報知新聞社
落丁、乱丁はお取り替えいたします。　無断で複写、転写は禁じます
©2018 Printed in Japan
ISBN978-4-8319-0153-8

プロモーション	山田渉貴、大上賢一郎、神山哲、西村心
	（報知新聞社）
編集スタッフ	赤木一騎、永野昌治、奥野憲一、久保和功
	伊原正人、安井涼太（JRDB）
システム開発スタッフ	片岡靖之、飯村公一（JRDB）
データ分析	JRDB
写真	榎田ルミ、中澤あさみ、（有）新冠橋本牧場
	報知新聞社編集局写真部、同レース部
装丁・DTP	坂本知大
協力	JRA、三川屋馬具舗
参考ウェブサイト	JRA（http://www.jra.go.jp/）
	馬トク（https://umatoku.hochi.co.jp/）
	JRDB（http://www.jrdb.com/）
	JRDV.sp（http://blog.jrdvsp.com/）

＊本書の修正、および最新のデータは、
馬トクＷｅｂサイト（https://umatoku.hochi.co.jp/）でご覧いただけます

ノーマルハミ
2017年秋華賞
ディアドラ

エッグハミ
2017年阪神ＪＦ
ラッキーライラック

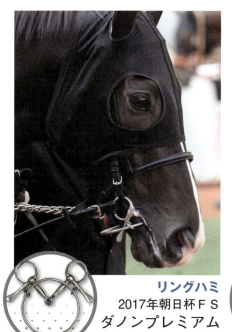

リングハミ
2017年朝日杯ＦＳ
ダノンプレミアム

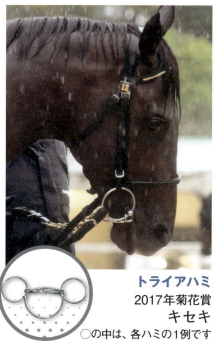

トライアハミ
2017年菊花賞
キセキ

○の中は、各ハミの1例です

eハミ（HS社タイプ）
2017年宝塚記念
サトノクラウン

ノーマルハミポチ
ノーマルハミのハミ身（口の中に入っている部分）が太いもの。馬への当たりはエッグとノーマルの中間。

Dハミ

**タンプレートハミ
（エッグハミタイプ）**

ブリンカー

横や後ろの視界をせばめて、走ることに集中させる馬装具。気性や枠順に応じてカップの深さを調整する。

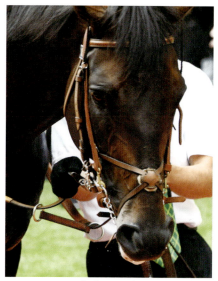

ノーズバンド（クロス鼻革）
2017年宝塚記念
サトノクラウン

シャドーロール
レッドファルクス

下方の視界をさえぎって、走ることに集中させるための馬装具。

チークピース

横や後方の視界を制限して、レースに集中させるための馬装具。気性や口向きによって、片側か、両側に装着する。

共同通信杯ではリングハミを装着
eハミに変更して皐月賞（GI）、日本ダービー（GI）を連勝した
2015年日本ダービー優勝馬　ドゥラメンテ（牡　堀宣行厩舎）

新馬戦からeハミを装着。2年連続でeハミ装着馬が日本ダービー馬に輝いた
2016年日本ダービー（GI）優勝馬　マカヒキ（牡 友道康夫厩舎）

eハミ装着馬が3年連続で日本ダービー（GI）を制覇

新馬戦からeハミとノーズバンドを装着
2017年日本ダービー（GI）優勝馬　レイデオロ（牡 藤沢和雄厩舎）

ノーマルハミからトライアハミに変更
2017年菊花賞（GI）優勝馬　キセキ（牡 角居勝彦厩舎）

ノーマルハミからeハミに変更
2017年菊花賞（GI）3着馬　ポポカテペトル（牡 友道康夫厩舎）

「外厩帰り」&「ノーズバンド装着馬」のワンツー決着
2017年日本ダービー（GI）2着馬　スワーヴリチャード
スワーヴリチャードは、馬装具をリングハミとノーズバンドに変更していた

ノーズバンドを外し、トライアハミに変更
2017年アルゼンチン共和国杯（GII）優勝馬　スワーヴリチャード

体型、仕上がり、後肢の長さ

短距離向きの馬体
2017年阪急杯（GⅢ）レッドファルクス（牡 尾関知人厩舎）

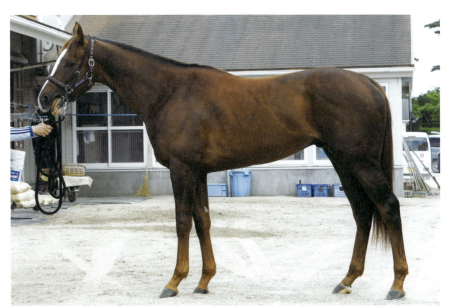

中・長距離向きの馬体
2017年5月17日撮影　スワーヴリチャード（牡 庄野靖志厩舎）

季節による「状態」の変化を見極める

目の周りが黒い

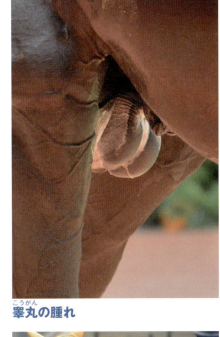

睾丸(こうがん)の腫れ

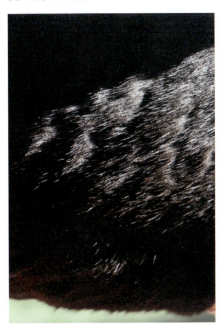

冬毛

フケ（牝馬の発情）

蹄の形状

立

標準ベタ

標準起

ベタ

標準

細（反る）

「激走力」を知るには？ その①
最新の情報は「馬トク」サイトで

「近5走Basic」新聞　外厩情報

主にトレセンや競馬場での写真がご覧いただけます

「近5走Racing」新聞

注　サイトのデザインは変更となる場合がございます

【パソコン用タテ版馬柱】

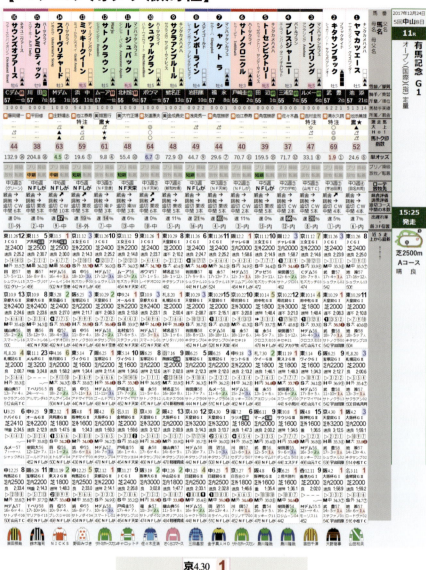

【新馬戦馬柱】

競り市、POG取材時、トレセンなどでの写真がご覧いただけます

【ゲート試験の合格情報】

2、3歳馬が美浦、及び、栗東トレセンでゲート試験に合格した際にご覧いただけます。一部、夏季に函館や札幌競馬場での合格情報もお伝えしております

「激走力」を知るには？ その②
コンビニプリント

馬番	大上HoトクHoク	馬名	騎手	馬トク指数	厩舎指数	仕上指数	激走指数	激走要因	基準単勝オッズ(人気)
①	▲△△	ヤマカツエース	池添	52△	6→	68→	55激	①前走馬番で不利 ②好枠引き期待大	21.0⑧
②	◎◎◎	キタサンブラック	武豊	69◎	28↗	57→	56特注	①ペースメーク力が高い ②斤量補正で浮上	2.3❶
③	☆△	クイーンズリング	ルメー	47	24→	65→	52特注	①上位騎手騎乗 ②配当妙味ある厩舎所属	19.6⑦
④		ブレスジャーニー	三浦	37	-14→	72↗	43		69.6⑮
⑤		トーセンビクトリー	田辺	39	-14→	65→	39		83.2⑯
⑥		サトノクロニクル	戸崎	40	-7→	59→	46		23.0⑩
⑦	△	シャケトラ	福永	44	-7→	61→	49		15.2⑤
⑧	△	レインボーライン	岩田	49	6→	50→	51		22.4⑨
⑨		サクラアンプルール	蛯名	48	22→	64→	45		37.7⑫
⑩	◎◎◎	シュヴァルグラン	ボウマ	64◎	21↗	60→	54		5.9❸
⑪		ルージュバック	北村宏	48	-8→	72↗	52		59.5⑭
⑫	△★★	サトノクラウン	ムーア	61★	14→	72↗	53激	①能力指数が上位 ②末脚性能が上位	12.3④
⑬	★△△	ミッキークイーン	浜中	59△	9↗	63→	51特注	①厩舎が好調 ②好調教を見せる	15.9⑥
⑭	△▲▲	スワーヴリチャード	Mデム	63▲	20↗	69↗	54		4.6❷
⑮		カレンミロティック	川田	38	-14→	58→	39		38.7⑬
⑯	△	サウンズオブアース	Cデム	44	-11→	71↗	49		31.8⑪

1着 ②
2着 ③
3着 ⑩

1着 キタサンブラック

2着 クイーンズリング

	馬トク指数	厩舎指数	仕上指数	激走指数	激走要因
1着 キタサンブラック	69◎	28↗	57→	56特注	①ペースメーク力が高い ②斤量補正で浮上
2着 クイーンズリング	47	24→	65→	52特注	①上位騎手騎乗 ②配当妙味ある厩舎所属

コンビニでの入手方法 操作手順

ファミリーマート、ローソン、サークルK、サンクス

① 「コンテンツサービス」を選択

② 「いつでもプリント」を選択

③ 「コンテンツを選んでプリント」を選択

④ 「スポーツ・競馬」を選択

⑤ 「競馬（報知新聞社）」を選択

⑥ ご希望の商品種別ボタンを選択

⑦ 購入する商品のボタンを選択

⑧ 購入する商品の内容を確認し、「A3 印刷」ボタンを選択

⑨ 購入する商品の内容を確認し、「購入に進む」ボタンを選択

⑩ 料金を投入し、プリント開始

注　マルチコピー機の案内表示は、変更となる場合がございます

「激走力」　191

コンビニでの入手方法 操作手順
セブンイレブン

① 「プリントサービス」を選択

② 「コンテンツプリント」を選択

③ 「競輪・ボートレース・競馬・オートレース」を選択

④ 「次ページ」ボタンを選択

⑤ 「報知馬トク激走データ」を選択

⑥ 購入する商品を選択し、「これで決定」ボタンを選択

注　マルチコピー機の案内表示は、変更となる場合がございます